بسم الله الرحمن الرحيم

تقرير معلومات
(20)

قوافل كسر الحد
عن قطاع غزة

رئيس التحرير
د. محسن صالح

مدير التحرير
ربيع الدنّان

هيئة التحرير
باسم القاسم
حياة الددا
صالح الشنّاط
سامر حسين

قسم الأرشيف والمعلومات

مركز الزيتونة للدراسات والاستشارات
بيروت - لبنان

Information Report (20)
The Convoys of Breaking the Siege of Gaza Strip

Prepared By:
Information Department, Al-Zaytouna Centre

Editor:
Dr. Mohsen Moh'd Saleh

Managing Editor:
Rabie el-Dannan

© جميع الحقوق محفوظة
2011 م - 1432 هـ
بيروت - لبنان
ISBN 978-9953-500-95-9

مركز الزيتونة للدراسات والاستشارات
ص.ب: 14-5034، بيروت - لبنان
تلفون: 44 36 80 1 961+
تلفاكس: 43 36 80 1 961+
بريد إلكتروني: info@alzaytouna.net
الموقع: www.alzaytouna.net

تصميم الغلاف
ربيع مراد

طباعة
Golden Vision sarl +961 1 820434

فهرس المحتويات

المقدمة

فرضت "إسرائيل" حصاراً قاسياً على قطاع غزة إثر نجاح حركة حماس في الانتخابات التشريعية في 2006، ثم عززت حصارها في 2007 بعد سيطرة الحركة على قطاع غزة في حزيران/ يونيو 2007. وشمل الحصار إغلاق جميع المعابر بين القطاع و"إسرائيل"، كما أغلقت مصر المعبر الوحيد بينها وبين القطاع وهو معبر رفح.

لقي سكان غزة البالغ تعدادهم نحو 1.562 مليون نسمة، معاناة كبيرة إثر الحصار الذي حدّ من دخول المواد الغذائية والأدوية، والمحروقات، إضافة إلى انقطاعهم عن العالم الخارجي براً وجواً وبحراً. مما سبب الفقر والبطالة والأمراض، وتردي الاقتصاد والزراعة والتعليم والمرافق الصحية وتضرر مقومات الحياة الأساسية... إلخ.

ومع استمرار "إسرائيل" في حصار غزة تساندها الولايات المتحدة الأمريكية وأطراف دولية أخرى، استطاعت قوافل برية وبحرية، أن تفعل ما لم تفعله 22 دولة عربية والمجتمع الدولي الذين اكتفوا بالتفرج على المأساة. هذه القوافل البرية والبحرية نظمها ناشطون وهيئات ومنظمات من أنحاء العالم، ومن دول غربية وعربية وإسلامية نجح بعضها في دخول غزة بالمساعدات، وبعضها حالت الزوارق الإسرائيلية تارة أو السلطات المصرية تارة أخرى دون دخولها. من هنا ولما كانت لهذه المحاولات أهميتها على صعيد فك الحصار على قطاع غزة اختار قسم المعلومات والأرشيف بمركز الزيتونة أن يخصص إصداره العشرين لتناول قوافل كسر الحصار عن قطاع غزة.

ويسلط هذا التقرير الضوء على الإجراءات الإسرائيلية لفرض الحصار البري (المعابر) والبحري والجوي، إضافة إلى الإجراءات المصرية على معبر رفح، التي يرى عديدون أنها أسهمت بشكل أساسي في حصار غزة، ويعرض لموقف السلطة الوطنية الفلسطينية والفصائل الفلسطينية، كما ويعرج على موقف المجتمع الدولي والعا

5

العربي والإسلامي. ومن ثم يتناول التقرير قوافل كسر الحصار عن قطاع غزة على شقين:

الأول: القوافل البرية، ويسرد أبرز هذه القوافل، ويفصل كل ما يتعلق بها من جهات منظمة وحمولات وأهداف، ومصيرها، وردود الأفعال.

والثاني: القوافل البحرية، ويشرع في تبيان كل قافلة على حدة، من الجهة القائمة عليها، والحمولات، ومصير هذه القافلة، إضافة إلى ردود الأفعال الرسمية والشعبية.

أولاً: الحصار المفروض على قطاع غزة

1. الإجراءات الإسرائيلية لفرض الحصار على قطاع غزة:

يعدّ الحصار المفروض على قطاع غزة أحد أوجه معاناة الشعب الفلسطيني، سواء بصورة مباشرة كما هو الحال في الضفة الغربية، عبر الاعتقالات اليومية والحواجز وجدار الفصل العنصري، أو بصورة غير مباشرة كما هو حال اللاجئين الفلسطينيين في المنافي، الذين يتعرضون للعديد من الإجراءات التي تكرس معاناتهم الاقتصادية والسياسية والاجتماعية، لكن الحصار الإسرائيلي لقطاع غزة يتميز في كونه الأكثر بشاعة وهمجية، سواء في دوافعه وأسبابه الاقتصادية والسياسية المباشرة، أو في دوافعه السياسية البعيدة المدى وفق المخطط الإسرائيلي. ويستهدف هذا الحصار تفكيك البنيان السياسي الاقتصادي الاجتماعي الثقافي للشعب الفلسطيني كله، وإيصاله إلى حالة من الإحباط واليأس عبر تراكم عوامل الإفقار والمعاناة والحرمان، التي تمهد بدورها إلى إرباك الأولويات في الذهنية الشعبية الفلسطينية تجاه الصراع مع العدو والصمود في مواجهته ومقاومته، ليصبح أولوية ثانية أو ثانوية، لحساب أولوية توفير الحد الأدنى من مستلزمات الحياة ولقمة العيش[1].

ذكر جمال الخضري، رئيس اللجنة الشعبية لمواجهة الحصار في قطاع غزة، أن رجال الأعمال الفلسطينيين تكبدوا خلال الأشهر الست الأولى للحصار خسائر بقيمة 100 مليون دولار[2]، وذكرت صحيفة الجارديان The Guardian البريطانية أن هناك نحو 80 ألف فرصة عمل قد فقدت خلال الأشهر الخمسة الأولى للحصار[3] وأكد التقرير السنوي لمؤتمر الأمم المتحدة للتجارة والتنمية (الأونكتاد United Nations Conference on Trade and Development (UNCTAD) أن حصار قطاع غزة، وإغلاق الضفة الغربية المتواصلين يكلفان الاقتصاد الفلسطيني خسارة ما بين 600 و800 مليون دولار في السنة أي نحو 13% من الناتج المحلي الإجمالي[4].

7

وأشار تقرير صادر عن اللجنة الشعبية لمواجهة الحصار بمناسبة مرور ألف يوم على الحصار، إلى وفاة 500 ضحية، إما بسبب نقص الدواء، أو لعدم تمكنهم من السفر للعلاج في الخارج. وبيّن أن 50% من أطفال قطاع غزة يعانون من أمراض فقر الدم وسوء التغذية، وأن قرابة مليون فلسطيني (أي 66% من سكان القطاع) يعتمدون على المساعدات الإغاثية، كذلك بيّن أن 80% من سكان غزة يعيشون تحت خط الفقر. وجاء في التقرير أن معدل البطالة بلغ 65%، حيث إن معدل دخل الفرد اليومي في غزة هو دولاران[5].

وبسبب الحصار، تطور ما بات يعرف باقتصاد الأنفاق على الحدود بين مصر وغزة كبديل لنقص البضائع، قامت الحكومة في قطاع غزة بتنظيمه ووضع تعليمات مقيدة. ووفرت الأنفاق السلع التي لم تكن متواجدة في الأسواق؛ مما سمح ببعض النشاطات الاقتصادية، إلا أنها غير مستدامة أو مضمونة، فلا تستطيع بأي حال أن تحل محل العمل المنظم للمعابر[6].

تحيط بقطاع غزة سبعة معابر، تخضع ستة منها لسيطرة "إسرائيل"، هي: معبر المنطار (كارني)، ومعبر بيت حانون (إيريز)، ومعبر العودة (صوفا)، ومعبر الشجاعية (ناحال عوز)، ومعبر كرم أبو سالم (كيرم شالوم)، ومعبر القرارة (كيسوفيم)، والمعبر الوحيد الخارج عن السيطرة الإسرائيلية هو معبر رفح[7].

تنوعت الإجراءات الإسرائيلية تجاه قطاع غزة منذ احتلاله في سنة 1967، وكانت على الشكل التالي:

في الفترة 1967-1994: كان قطاع غزة منطقة عسكرية مغلقة، وكان بمقدور سكان القطاع الخروج إلى الأراضي المحتلة سنة 1948 "إسرائيل" والضفة الغربية بصورة حرة عملاً بتصريح خروج[8].

في الفترة 1994-2005: تمّ فرض الإغلاقات الإسرائيلية على قطاع غزة بدرجات وأساليب متنوعة، واشتدت وتائرها وأساليبها في أثناء انتفاضة الأقصى 2000-2005[9].

8

في الفترة 2005-2011:

– في أيلول/ سبتمبر 2005 انسحبت قوات الاحتلال الإسرائيلي من قطاع غزة، وأعلنت انتهاء حكمها العسكري للقطاع، ومع ذلك، ما تزال "إسرائيل" تسيطر على معظم مداخل القطاع[10].

– في 2006/6/25 صعدت السلطات الإسرائيلية من سياسات الإغلاق على قطاع غزة بصورة غير مسبوقة، وذلك في أعقاب عملية خطف الجندي الإسرائيلي جلعاد شاليط Gilad Shalit. ومنذ ذلك التاريخ بدأت "إسرائيل" بإغلاق شامل للمعابر، باستثناء فتحها لساعات محدودة في فترات زمنية متباعدة، لا تفي بحاجة الحالات الضرورية لسكان القطاع[11].

– بعد سيطرة حركة حماس على قطاع غزة في 2007/6/14، تحولت هذه الإغلاقات إلى حصار مطبق بصورة شاملة على القطاع[12].

– في 2007/9/19 قرر المجلس الوزاري المصغر للشؤون الأمنية في "إسرائيل" تعريف قطاع غزة بأنه "كيان معاد"[13].

– في 2008/1/18 شددت "إسرائيل" إغلاق نقاط العبور إلى قطاع غزة، ومنعت وكالة الأونروا من توصيل المساعدات الإنسانية إلى القطاع[14]، كما قطعت إمدادات الوقود بشكل كامل عن القطاع[15].

– في 2008/5/27 وزارة الدفاع الإسرائيلية أعلنت أن الجيش يخطط لتقليص عدد المعابر الحدودية، ونقلها عدة كيلومترات داخل الأراضي الفلسطينية المحتلة سنة 1948 "إسرائيل" بغية إنشاء منطقة عازلة مع قطاع غزة[16].

– في الفترة 2008/6/19-2008/12/19 عقدت فصائل المقاومة الفلسطينية في قطاع غزة و"إسرائيل" اتفاق تهدئة بوساطة مصرية. غير أن "إسرائيل" لم تلتزم بشروط التهدئة؛ إذ خرقت الاتفاق 195 مرة[17]. كما لم يتم فتح معابر القطاع خلال معظ

9

فترة التهدئة، فطبقاً لبيانات المركز الفلسطيني لحقوق الإنسان، فإن معبر رفح خلال فترة التهدئة ظل مغلقاً طيلة 163 يوماً وفتح جزئياً 20 يوماً. كما ظل معبر بيت حانون مغلقاً، فيما أغلق معبر المنطار 149 يوماً، وفتح 34 يوماً. وأغلق معبر الشجاعية 78 يوماً، وفتح 105 أيام. وأغلق معبر كرم أبو سالم 127 يوماً، وفتح 56 يوماً[18].

— في 2008/12/27 شنّ الجيش الإسرائيلي عدواناً واسعاً على قطاع غزة تواصل 22 يوماً، أسفر عن سقوط 1,334 شهيداً و5,450 جريحاً[19]، وتكبد القطاع خسائر اقتصادية مباشرة بقيمة 1.9 مليار دولار[20]، وحال إغلاق المعابر أمام إدخال البضائع دون ترميم البنى التحتية الحيوية التي قُصفت خلال العدوان[21].

— في تموز/ يوليو 2010 زعمت السلطات المحتلة إحداثها تسهيلات على حركة البضائع وتنقلها الواردة إلى قطاع غزة، عبر سماحها بزيادة كمية السلع ونوعيتها إلى القطاع. غير أن الزيادة تركزت في السلع الغذائية وبعض السلع الكمالية، ولم يطرأ أي تغيير جوهري وحقيقي على حالة الحصار الشامل، حيث استمر حظر دخول السلع الأساسية وخاصة مواد البناء اللازمة لإعادة إعمار قطاع غزة، والتي كانت تمثل نحو 65% من إجمالي واردات القطاع؛ كما استمر حظر توريد المواد الخام اللازمة لعملية الإنتاج، وإعادة إنعاش اقتصاد القطاع ودفع عملية التنمية فيه[22].

2. الإجراءات المصرية على معبر رفح:

يقع معبر رفح جنوب قطاع غزة ويربطه مع مصر، وهو المعبر الوحيد المخصص لحركة الأفراد خارج القطاع. وقبل استكمال الاحتلال الإسرائيلي انسحابه من قطاع غزة في 2005/9/12، أوقفت "إسرائيل" العمل في معبر رفح بتاريخ 2005/9/7، تحضيراً لإتمام فك ارتباطها بالقطاع، وبقي المعبر مغلقاً حتى إعادة افتتاحه في 2005/11/25 بموجب اتفاقية المعابر[23]، التي وقعها الجانبان الفلسطيني والإسرائيلي برعاية اللجنة الرباعية الدولية والولايات المتحدة الأمريكية والاتحاد الأوروبي.

لعبت مصر دوراً أساسياً في تطبيق اتفاقية المعابر، على الرغم من أنها لم تكن طرفاً في الاتفاقية، ويرجع ذلك إلى موقعها الجغرافي المحاذي لقطاع غزة. فبعد سيطرة حركة حماس على القطاع في منتصف حزيران/ يونيو 2007 وما تبعها من عملية إغلاق كاملة للمعابر، وبالأخص معبر رفح، أصبحت مصر على تماس مباشر بالتغيرات في داخل القطاع. وكانت مصر تضبط علاقتها بقطاع غزة بعدة محددات، أهمها[24]:

– تنظر مصر إلى القضية الفلسطينية من خلال دورها الإقليمي والعربي والإسلامي، ومن خلال مسؤولياتها القومية تجاه فلسطين وشعبها، وتسعى لتعزيز ثقلها النوعي كقوة إقليمية، ومحور لا يمكن تجاهله.

– ترى مصر أن أمنها القومي من أهم العوامل التي يرتكز إليها النظام السياسي.

– تعامل مصر مع القضية الفلسطينية، بشكل عام، وقطاع غزة بشكل خاص، يقوم على أولوية السلام مع "إسرائيل"، وتتعايش مع وجود مقاومة فلسطينية في الأراضي المجاورة لحدودها بحيث لا تؤدي لنشوب حرب تمتد آثارها للأراضي المصرية.

– تخشى مصر من توتر العلاقات المصرية – الإسرائيلية في ظل حدوث أي انفلات على معبر رفح.

– تسعى مصر للقضاء على تجارة الأنفاق، من خلال تدميرها للأنفاق ومطاردة العاملين فيها، وإنشاء الجدار الفولاذي، وهو ما يعدّه الكثيرون من أهل قطاع غزة مشاركة في الحصار.

– تسعى مصر لإبقاء مسؤولية "إسرائيل" والتزاماتها قائمة تجاه قطاع غزة لا أن تتحملها مصر.

– تحرص مصر على ترتيب حدودها مع قطاع غزة ومعبر رفح دون استثناء أي من "إسرائيل" والمجتمع الدولي، وتربط حل مشكلة المعبر والحصار بحل الخلافات الفلسطينية الداخلية، وكذلك بمشاركة كل من "إسرائيل" والاتحاد الأوروبي، إضافة إلى ربطه بالتهدئة من قبل فصائل المقاومة.

– المحافظة على العلاقة الخاصة التاريخية لمصر مع قطاع غزة، وبالتالي الحرص على اتخاذ موقف إزاء إنهاء حصار القطاع وفتح معبر رفح.

– تحرص مصر على الاستمرار في متابعة دورها "الأبوي" القائد في الشأن الفلسطيني، وتحرص ألا تقطع "شعرة معاوية" مع أي من الأطراف الفلسطينية، بما فيها حركة حماس، التي تربطها علاقات تاريخية مع الإخوان المسلمين، مهما كان اختلافها معها.

وفي أعقاب ثورة 25 يناير المصرية، وتنحي الرئيس حسني مبارك، وبعد توقيع اتفاق المصالحة الفلسطينية في 2011/4/27، أعلنت مصر في 2011/5/25 عن فتح معبر رفح بصفة دائمة اعتباراً من 2011/5/28[25]. غير أن معبر رفح لم يفتح بشكل منتظم حتى تاريخ إعداد التقرير في تموز/ يوليو 2011.

3. المواقف الفلسطينية:

أجمعت الأطراف الفلسطينية على ضرورة إنهاء حصار قطاع غزة، وطالبت بإعادة فتح معابر القطاع بصورة منظمة لضمان تسيير عملها. فبعد إعلان "إسرائيل" في 2007/9/19 قطاع غزة "كياناً معادياً"، قال المتحدث باسم الرئاسة الفلسطينية: "إن هذا القرار التعسفي سيسهم في تشديد الحصار"[26]. وعدّ أحمد بحر، رئيس المجلس التشريعي بالإنابة، الإجراء الإسرائيلي تطوراً خطيراً وغير مسبوق على الإطلاق في إطار قواعد وأحكام القانون الدولي العام والإنساني[27]. كما وصفت حكومة إسماعيل هنية القرار بأنه يندرج في إطار سياسة العقاب الجماعي[28].

وأبلغ رئيس الحكومة الفلسطينية في رام الله سلام فياض وزير الخارجية البريطاني وليام هيج William Hague في 2010/11/3 ضرورة رفع الحصار عن قطاع غزة[29]. كما دعا رئيس السلطة الفلسطينية محمود عباس مصر في 2011/5/9 للتحرك على كافة المستويات من أجل إنهاء حصار قطاع غزة[30].

ومن جهتها، عدت الفصائل الفلسطينية قرار "إسرائيل" القاضي باعتبار قطاع غزة "كياناً معادياً" "إعلان حرب"، وطالبت بإعادة تشغيل المعابر من أجل رفع الحصار المفروض على قطاع غزة؛ كما انتقدت بعض الفصائل إصرار الحكومة المصرية على إغلاق معبر رفح، ورأت فيه مشاركة في الحصار، حيث أكد سامي أبو زهري، الناطق الرسمي باسم حركة حماس، بعد سقوط نظام مبارك في 2011/2/11 أن "فرحة غزة بهذا الانتصار لا تقل عن فرحة مصر، لأن هذا الرجل [مبارك] كان عنواناً رئيسياً في حصار غزة والحرب عليها"[31].

4. الموقف العربي والإسلامي:

قوبل القرار الإسرائيلي اعتبار غزة "كياناً معادياً" باستنكار عربي وإسلامي، حيث طلب مجلس الجامعة الدول العربية الذي اجتمع في 2008/1/27 على مستوى وزراء الخارجية من الأمين العام للجامعة عمرو موسى إجراء الاتصالات العاجلة مع كافة الأطراف الدولية الفاعلة لرفع الحصار عن قطاع غزة، وفتح المعابر[32]. إلا أن عمرو موسى ربط، خلال انعقاد قمة شرم الشيخ في 2009/1/18، بين وقف تهريب السلاح إلى غزة وضرورة إنهاء الحصار[33]؛ وفي كانون الثاني/ يناير 2011 طالب موسى بفك الحصار الإسرائيلي الظالم عن غزة[34].

كما أدان أكمل الدين إحسان أوغلو Ekmeleddin Ihsanoglu، الأمين العام لمنظمة المؤتمر الإسلامي، اعتبار غزة "كياناً معادياً"[35]، مؤكداً على أن المنظمة ترفض الحصار المفروض على قطاع غزة[36].

ومن جهته، دعا الملك عبد الله الثاني إلى تحرك فوري وجاد لرفع الحصار عن قطاع غزة، مطالباً بتحرك فوري وجاد لـ"رفع الحصار وإنهاء الكارثة الإنسانية القائمة هناك"[37].

وأكدت سورية في أكثر من مناسبة على ضرورة إنهاء الحصار عن قطاع غزة، حيث شدد الرئيس بشار الأسد على ضرورة إنهاء الحصار الإسرائيلي عن قطاع غزة، وحذر من استمراره[38].

كما أكد أمير قطر الشيخ حمد بن خليفة آل ثاني في 2009/1/5، أن العدوان الإسرائيلي على قطاع غزة لا يمكن إلا أن يكون جريمة حرب، ودعا إلى وقف العدوان ورفع الحصار الظالم "غير القانوني" و"غير الإنساني"[39].

لقد كان الموقف التركي أكثر فاعلية في رفض حصار غزة والعمل على كسره رسمياً وشعبياً وسياسياً ومعنوياً، ولقد أفادت تركيا من علاقاتها الدولية المتوازنة في فتح ملف الحصار دولياً[40]. وأصبحت تركيا مسرحاً للعديد من النشاطات والفعاليات الإسلامية المساندة للشعب الفلسطيني، فعلى سبيل المثال نظَّم الأتراك وبتأييد رسمي علني العديد من الفعاليات المناصرة للفلسطينيين والمؤيدة لرفع الحصار[41]. كما افتتح الأتراك أفرع لمؤسسات الإغاثة التركية في غزة، منها جمعية ياردملي Yardimeli، التي تقدم كفالة 4,500 أسرة غزية؛ ومؤسسة هيئة الإغاثة الإنسانية التركية التي أوضح ممثلها محمد كايا Muhammad Kaya أن مجموع ما قدمته مؤسسته من مساعدات وصل إلى 25 مليون يورو في سنة 2009[42].

أما على المستوى الرسمي، فقد ندد رئيس الحكومة رجب طيب أردوغان Recep Tayyip Erdogan بحصار غزة، وقال أمام كتلة نواب حزب العدالة والتنمية إن "إسرائيل" تعاقب شعباً كاملاً من أجل معاقبة مجموعة بعينها[43]. وأعلن أردوغان أن تركيا تسعى مع دول أخرى لكسر الحصار، وأن الأمر يمثل له ولتركيا أولوية[44]. كما دعا وزير الخارجية التركي أحمد داوود أوغلو Ahmet Davutoglu إلى فك الحصار عن قطاع غزة[45]؛ وطالب أوغلو وزير الدفاع الإسرائيلي إيهود باراك Ehud Barak في 2010/1/19 بالسماح لتركيا بإيصال المعونات لسكان قطاع غزة، كما طلب السماح لتركيا بإدخال مبان جاهزة لإيواء من فقدوا مساكنهم نتيجة للحرب الإسرائيلية في نهاية 2008... ولكن باراك رفض التعهد بالاستجابة لطلبه[46].

5. الموقف الدولي:

دأبت الأمم المتحدة على الدعوة إلى عدم إغلاق معابر قطاع غزة لتفادي وقوع كارثة إنسانية، وذلك بموجب تحذيرات متعددة كانت تطلقها وكالة الأونروا، أو

مؤسسات تابعة للأمم المتحدة[47]؛ فقد طالب الأمين العام للأمم المتحدة بان كي مون Ban Ki-moon خلال زيارته إلى رام الله في 2009/1/16 بضمان وصول المساعدات الإنسانية، وفتح معابر قطاع غزة، وضمان منع تهريب السلاح إلى قطاع غزة[48]. كما نددت الأونروا باستمرار "إسرائيل" فرض الحصار على قطاع غزة؛ ودعت المفوضة العامة للوكالة كارين أبو زيد Karen AbuZayd، إلى "منح الفلسطينيين الحق في العيش مثل شعوب العالم الأخرى"[49].

وعلى الرغم من ذلك عجز مجلس الأمن عن إجبار "إسرائيل" على فتح المعابر، لتخفيف وطأة الحصار عن الفلسطينيين في قطاع غزة[50].

من جهتها، دعمت الولايات المتحدة الأمريكية فكرة السماح للسلطة الفلسطينية بالسيطرة على معابر قطاع غزة[51]؛ كما ربطت الاحتياجات الإنسانية لغزة بالأمن الإسرائيلي، وذلك بحسب تصريحات وزيرة الخارجية الأمريكية كوندوليزا رايس Condoleezza Rice في مؤتمر منتدى الاقتصاد العالمي في دافوس Davos Forum بسويسرا في 2008/1/23[52]. وفي 2010/6/18 قامت الإدارة الأمريكية بالإعلان عن استشارات لإيجاد مخرج للوضع في غزة، يرتكز على تحديد أسس تقنية "لتخفيف" الحصار عن غزة، وإيجاد آلية ذات غطاء دولي لمراقبة المعابر، وإبقاء نوع من الحصار البحري على القطاع، في شكل يضمن أمن "إسرائيل" ويمنع حماس من تحقيق مكاسب سياسية من الأزمة[53].

أما الاتحاد الأوروبي، الذي كان عنصراً أساسياً في اتفاقية المعابر بين السلطة الفلسطينية و"إسرائيل"، حيث كان استمرار عمل بعثة المراقبة التابعة للاتحاد الأوروبي شرطاً أساسياً لعمل معابر قطاع غزة[54]، فقد انسجمت مواقف البعثة الأوروبية مع الموقف الأوروبي من قيادة حماس للحكومة الفلسطينية، حيث كان قيام نواب ووزراء من حماس بنقل أموال عبر معبر رفح كفيلاً بإثارة المراقبين الأوروبيين، ودفعهم للتلويح بإغلاق المعبر[55]. وفي 2006/6/21 أعلن الفريق الأوروبي عن وقف العمل في معبر رفح بشكل مفاجئ[56].

وبعد إعلان ''إسرائيل'' قطاع غزة ''كياناً معادياً'' دعا منسق السياسة الخارجية في الاتحاد الأوروبي خافيير سولانا Javier Solana ''إسرائيل'' إلى إعادة النظر في قرارها[57]، وطالبت نائبة رئيس البرلمان الأوروبي لويزا مورغانتيني Luisa Morgantini في 2008/4/18، بفتح معابر قطاع غزة[58].

وفي 2010/6/17، صوت أعضاء البرلمان الأوروبي في بروكسل، على مشروع قرار يعتبر قيام أطراف المجتمع الدولي بتأمين بعثات لمراقبة المعابر المؤدية إلى قطاع غزة، أمراً من شأنه الرد على مخاوف ''إسرائيل'' الأمنية. وتضمن القرار الدعوة إلى أن تتضمن المهام الدولية لمراقبة الحدود إعادة تفعيل بعثة الاتحاد الأوروبي للمساعدة الحدودية في رفح، مع ضرورة فتح المعابر المؤدية إلى قطاع غزة بشكل مباشر، والعمل من أجل إنهاء حصار قطاع غزة[59].

ثانياً: قوافل كسر الحصار البرية (معبر رفح)

منذ بدء الحصار على قطاع غزة بعد فوز حركة حماس بالانتخابات التشريعية التي جرت في 2006/1/25 أرسلت العديد من الدول العربية قوافل مساعدات لإغاثة الشعب الفلسطيني المحاصر، ومع تشديد إجراءات الحصار في منتصف سنة 2007، عقب سيطرة حركة حماس على قطاع غزة، أخذت القوافل منحاً غير الذي سلكته سابقاً؛ حيث تبنت مجموعات دولية العمل على رفع الحصار عن القطاع، من خلال إرسال قوافل مساعدات عن طريق البر والبحر... ومنعت السلطات المصرية مرور العديد من قوافل المساعدات البرية من الدخول إلى قطاع غزة، أو عرقلة مرورها... ونحاول في يلي الحديث عن أبرز القوافل التي حاولت الوصول إلى قطاع غزة.

قافلة "شريان الحياة 1": انطلقت قافلة "شريان الحياة 1"، التي نظمتها منظمة "تحيا فلسطين" الأوروبية، من أمام مجلس العموم البريطاني في لندن بقيادة النائب البريطاني جورج جالاوي George Galloway في 2009/2/14، وانتقلت من أوروبا عبر فرنسا وإسبانيا، فمضيق جبل طارق وصولاً إلى المغرب، فالجزائر، وتونس وليبيا ومصر حتى معبر رفح وصولاً إلى قطاع غزّة[60].

ضمت القافلة أكثر من 110 شاحنات وسيارات محملة بالمساعدات و300 متضامناً[61]. رفضت السلطات المصرية دخول القافلة إلى قطاع غزة عبر معبر رفح الحدودي باستثناء 20 شاحنة صغيرة محملة بالأدوية، وطلبت تحويلهم إلى معبر العوجة الذي تسيطر عليه "إسرائيل". وسمحت السلطات المصرية لجالاوي بدخول أراضيها عبر مطار القاهرة، إثر رفع اسمه مؤقتاً من قوائم الممنوعين من دخول البلاد[62]. وقال جالاوي عند وصوله إلى قطاع غزة، في 2009/3/9: "إنهم جاؤوا إلى غزة لكسر الحصار المفروض عليها"، مؤكداً أن إسماعيل هنية هو الممثل الشرعي للشعب الفلسطيني[63].

وسلم جالاوي لإسماعيل هنية 25 ألف جنيه إسترليني نقداً (حوالي 35 ألف دولار أمريكي) في 2009/3/10، إضافة إلى عشرات الشاحنات المحملة بالمساعدات.

وأضاف قائلاً: "نهب مائة سيارة وكل ما فيها... نهديها لحكومة فلسطين المنتخبة"، وأعلن عن هبة بقيمة مليوني جنيه استرليني (حوالي 2.76 مليون دولار أمريكي) من جمعية خيرية مقرها بريطانيا لبناء مدارس في قطاع غزة، وقال: "أقول للحكومات البريطانية والأوروبية، إذا أردتم إحالتي على محكمة، أعدكم بأنكم لن تجدوا أي هيئة محلفين تدينني سيدينونكم أنتم... لأنكم تحاصرون فلسطين"[64].

وقام إسماعيل هنية، في 2009/3/11، باستقبال الوفد في منزله بمدينة غزة، وذلك قبل ساعات من مغادرتهم غزة، وعبر هنية لجالاوي عن شكره لشخصه، وللقافلة الإنسانية على ما قدموه من دعم معنوي وسياسي ومادي للشعب الفلسطيني. وقدم هنيه لجالاوي والوفد المرافق له العديد من الهدايا التذكارية بما فيها جواز السفر الخاص برئيس الوزراء، كهدية رمزية، تعبيراً عن تقديره العميق لوقوفه إلى جانب الشعب الفلسطيني وقضاياه[65].

القافلة الليبية "تحيا فلسطين": دخلت إلى قطاع غزة في 2009/3/8، أحضرت معها 124 شاحنة غذائية وطبية لمساعدة وإغاثة الأسر المتضررة والمنكوبة والمشردة جراء العدوان الإسرائيلي على قطاع غزة نهاية 2008[66]. وقد أشاد السفير الفلسطيني باسم الأغا في العاصمة الليبية طرابلس بروح المسؤولية التي يتمتع بها الليبيون تجاه القضية الفلسطينية، وأكد في تصريحات لجريدة "ليبيا اليوم" التنسيق مع مؤسسة القذافي العالمية، التي ترعى قافلة "تحيا فلسطين"، في أثناء مرورها عبر الأراضي الليبية[67].

قافلة "شريان الحياة 2": انطلقت قافلة "شريان الحياة 2" في 2009/7/4، من مدينة نيويورك باتجاه قطاع غزة، محملة بمعدات طبية وأدوية وضمت أكثر من 200 متضامن أمريكي[68]، وأكثر من 50 سيارة بين حافلة وشاحنة احتوت على مواد طبية وإعانات، ترأس القافلة عضو مجلس العموم البريطاني جورج جالاوي[69]. وبعد تعطيلها ثلاثة أيام، سمحت السلطات المصرية للقافلة الأمريكية، بالانطلاق من القاهرة والتوجه مباشرة إلى معبر رفح لدخول قطاع غزة، واشترطت السلطات المصرية على مسؤولي

القافلة أن تتم الرحلة ذهاباً وإياباً في مدة لا تزيد على 24 ساعة من ساعة الانطلاق من القاهرة[70]. وكانت السلطات المصرية بررت أمر المنع بأن القافلة لم تستكمل الأوراق القانونية اللازمة[71]. ودخلت القافلة قطاع غزة من معبر رفح في 2009/7/15[72].

وقال رئيس الحكومة في غزة إسماعيل هنية، خلال مؤتمر صحفي عقده برفقة أعضاء قافلة "شريان الحياة 2"، كان من ضمنهم حاخامات يهود يعارضون الحصار المفروض على غزة: "إن أمثال هؤلاء الحاخامات الكرام الذين عبروا عن رفضهم للحصار والعدوان والجرائم.. ليس أمامنا إلا أن نحترم هذه التوجهات ونقدر هذه الثقافة". وأضاف: "إن قافلة شريان الحياة 2 تؤكد على أن الشعب الأمريكي بدأ يعبر عن غضبه ورفض دعم بلاده للاحتلال الإسرائيلي"[73].

وانتقد الحاخام اليهودي الأمريكي الذي كان ضمن القافلة ديفيد وايز David Wise، رئيس "حركة يهود ضد الصهيونية" الأمريكية، سياسة جيش الاحتلال الإسرائيلي مع الفلسطينيين، وقال إنهم صهاينة وليسوا يهوداً، لأنهم يخرقون كل القيم الإنسانية التي تقرها التوراة، وقال: "لن نقبل أن تسرق الدولة الصهيونية أرض الفلسطينيين بزعم أنها لليهود، وتتستر خلف اليهودية لتفعل ما تريد"، ودعا الرئيس المصري لأن يفتح معبر رفح أمام الفلسطينيين والقوافل، حتى لا يكون مشاركاً في الحصار[74].

وذكر جالاوي إلى أن القافلة واجهت بعض العقبات في مصر، كما حاول اللوبي الموالي لـ"إسرائيل" في الولايات المتحدة منع انطلاق القافلة، حيث قدموا ثلاثة طلبات للنائب العام الأمريكي، لكي يمنع القافلة، غير أن طلباتهم قوبلت بالرفض، وقال جالاوي: "أنا لا أنحاز لحركة حماس فأنا لم أكن يوماً من مؤيديها، ولكنني أؤيد الديموقراطية التي أوصلتها للحكم، ولو تم منحى صوتاً في الانتخابات الفلسطينية فسأمنحه لمروان البرغوثي، لأنني أراه قادراً على التقريب بين الإسلاميين والقوميين"[75]

قافلة "شريان الحياة 3": انطلقت قافلة "شريان الحياة 3" في 2009/12/6 من العاصمة البريطانية لندن، ترأس القافلة جورج جالاوي. وأشار المتحدث باس

19

المنتدى الفلسطيني في بريطانيا أحمد الترك إلى أن القافلة تأتي في سياق التضامن الدولي مع غزة، في الذكرى السنوية الأولى للحرب الإسرائيلية على قطاع غزة، وقال: "لقد انطلقت القافلة من وسط لندن مشكلة من 75 سيارة محملة بالأدوية والمساعدات الطبية، ومن ضمنها 15 سيارة إسعاف مع 15 سائقاً للتذكير بشهداء الإسعاف الذين سقطوا في الحرب الإسرائيلية على قطاع غزة العام الماضي"[76].

ولدى وصول القافلة إلى تركيا قادمة من اليونان في 2009/12/20، بعد مرورها فرنسا وإيطاليا، انضم إليها 140 متضامناً تركياً بالإضافة إلى 65 سيارة وشاحنة، محملة بالمساعدات الطبية والإنسانية، مقدمة من هيئة الإغاثة والتنمية التركية، بحسب يان للجنة الحكومية لكسر الحصار التابعة للحكومة في غزة، وعبرت القافلة إلى لأراضي السورية في 2009/12/20[77]، حيث استقبلتها حركة حماس باحتفال نظمته هذه المناسبة في 2009/12/22، ورحب موسى أبو مرزوق، نائب رئيس المكتب لسياسي لحماس، بأعضاء القافلة، وأعرب عن أمله في أن تصل "شريان الحياة 3" إلى طاع غزة المحاصر. وقال مخاطباً أعضاء الوفد: "إنكم أصحاب الضمير بعد أن مات ضمير أمريكا والحكومات التي وقفت مع العدوان على غزة، فنهضتم لتكونوا في لمقدمة بدلاً ممن وقفوا مع العدوان". وأضاف قائلاً: "لقد تجاوزتم الكثير من الصعاب الحواجز مروراً إلى غزة التي حوصرت ليس جغرافياً فقط وإنما سياسياً واقتصادياً العدوان مستمر، شكراً لكم لتحمّل هذه المصاعب حتى ترفعوا آخر الحواجز وهو لجدار الفولاذي بين غزة ومصر الشقيقة"[78].

ثم وصلت إلى الأردن، في 2009/12/22 حيث لاقت استقبالاً شعبياً ورسمياً سارك فيه المئات من النقابيين والحزبيين وممثلي منظمات المجتمع المدني وهيئات العمل تطوعي، ومثل سمير الرفاعي، رئيس الوزراء الأردني، أحمد العميان، رئيس الهيئة لخيرية الهاشمية العالمية للإغاثة، خلال استقبال القافلة[79]، وقال نقابيون أردنيون: إن القافلة تم اعتراضها على مشارف العاصمة عمان، ومنعت من الدخول إلى مجمع

النقابات المهنية حيث كان من المتوقع أن تخيم في محيط المجمع لمدة يومين". وبررت السلطات منع دخول القافلة إلى عمان، بعدم وجود مساحة كافية للسيارات المرافقة[80].

وقال المتحدث الرسمي باسم حركة ناطوري كارتا Neturei Karta العالمية الحاخام الأمريكي يسيرولى دوفيد وايز Yisroel Dovid Weiss، إن مشاركة الحركة في القافلة جاءت لدعم صمود الشعب الفلسطيني بشكل عام وقطاع غزة بشكل خاص. وأضاف قائلاً: "من واجبنا أن نزور قطاع غزة لنشد على أيدي أهله الصامدين، ولنبكي معهم، ونعتذر لهم، بسبب الخطايا التي مورست ضدهم باسم اليهودية، وهي بريئة من كل هذه الجرائم، التي ترتكب باسمها تجاه الشعب الفلسطيني"[81].

وبخلاف البلدان التي مرت عبرها قافلة "شريان الحياة 3"؛ حيث لم تواجه أي إشكالات أو عوائق تذكر، كان الأمر مختلفاً عند استعدادها لدخول الأراضي المصرية بحراً عن طريق ميناء نويبع المصري بعد انطلاقها من ميناء العقبة الأردني، فقفد منعت السلطات المصرية القافلة من دخول أراضيها؛ وقالت مصادر أمنية مصرية معللة السبب، إن خط سير القافلة من ميناء نويبع إلى معبر رفح براً يشكل عبئاً أمنياً كبيراً، ويحتاج إلى أعداد كبيرة من رجال الأمن لتأمين وصولها إلى المعبر. وأشار المتحدث الرسمي باسم وزارة الخارجية المصرية حسام زكي أن الحكومة المصرية ترحب بمرور القافلة إلى قطاع غزة، شريطة دخولها عبر ميناء العريش الذي تم تخصيصه لاستقبال قوافل الإغاثة[82]، وشدد على أن "المساعي إلى إدخالها عبر أي ميناء مصري آخر غير مجدية"[83]. كما هدد وزير خارجية مصر أحمد أبو الغيط في 2009/12/26، بعدم إدخال القافلة إلى قطاع غزة "مهما كانت الضغوط" إذا لم تصل إلى ميناء العريش قبل 2010/1/3، وهو اليوم المحدد لفتح معبر رفح، والذي سيتم إغلاقه في 2010/1/6[84] واتهم القائمين على القافلة بأنهم يمارسون "لعبة رخيصة" على مصر[85].

وطالبت لجنة كسر الحصار التابعة للحكومة في غزة السلطات المصرية بتسهيل دخول القافلة إلى غزة عبر معبر رفح[86]. ودعت النقابات المهنية الأردنية الحكومة المصرية

إلى "تبييض صفحتها" أمام الجماهير العربية، وطالب رئيس مجلس النقباء، الحكومة المصرية بالتوقف عن المراهنة على الدعم الأمريكي والصهيوني لها، والالتفاف حول شعبها المصري خاصة، والشعب العربي عامة، الذي يساند قافلة "شريان الحياة 3"، وأشقاءه في قطاع غزة المحاصر[87].

من جهتها، استنكرت جماعة الإخوان المسلمين في مصر منع السلطات المصرية للقافلة، مبدية استغرابها من موقف الحكومة المصرية، داعية الشعب المصري إلى القيام بدوره، والضغط على حكومته لإنقاذها من هذه الورطة، لأن منع وصول المساعدات الإنسانية يتناقض مع مواقف مصر المناصرة لفلسطين وأهلها[88].

وفي 2009/12/26 وجه تحالف دولي من منظمات غير حكومية نداء إلى الرئيس حسني مبارك وقرينته سوزان ناشدهما فيه السماح للقافلة بعبور الأراضي المصرية إلى قطاع غزة. وأكد المنظمون أن نحو 1,400 ناشط من 43 دولة بدأوا في الوصول إلى القاهرة للمشاركة في مسيرة "الحرية لغزة"، وأنهم لم يحصلوا على موافقة السلطات المصرية للعبور من معبر رفح إلى قطاع غزة[89]. وهدد المتضامنون المرافقون لقافلة "شريان الحياة 3" بالإضراب عن الطعام، حتى يتم دخول القافلة الأراضي المصرية عبر طريق العقبة – نويبع[90].

وبسبب الموقف المصري الرافض لدخول القافلة من ميناء نويبع، قرر القائمون على القافلة العودة إلى سورية، والانطلاق من ميناء اللاذقية باتجاه ميناء العريش[91]، وتم تحميل سيارات القافلة على سفينة تركية انطلقت في 2009/1/2، فيما نُقل المشاركون في القافلة عن طريق الجو إلى العريش[92]. وبعد وصول القافلة إلى العريش وقعت اشتباكات بين أجهزة الأمن المصرية وعدد من أعضاء القافلة، وصرح زاهر البيراوي، الناطق الإعلامي باسم القافلة، أن السلطات الأمنية المصرية استخدمت مع أعضاء القافلة، البالغ عددهم 460 شخصاً جاؤوا من 17 دولة عربية وأجنبية، "القوة المفرطة"، مما أدى إلى إصابة ستة أشخاص، واتهم السلطات المصرية بارتكاب "مذبحة" بحق المتضامنين الدوليين[93].

وهدد رئيس اللجنة الخارجية في مجلس النواب التركي رئيس الوفد التركي في القافلة بحرق القافلة إذا لم تسمح مصر بدخول كافة السيارات الى رفح، وكانت السلطات مصر منعت عدداً من السيارات من الدخول عبر أراضيها إلى رفح بحجة أنها لا تحمل مساعدات[94].

وفي 2009/1/6 دخلت قافلة "شريان الحياة 3" إلى قطاع غزة من معبر رفح، ولم تسمح السلطات المصرية إلا بإدخال 158 مركبة[95]. وتداركاً لتداعيات التوتر الحاصل، دعا رئيس الحكومة في غزة إسماعيل هنية، القيادة المصرية إلى لقاء عاجل ومباشر لمناقشة "الأوضاع القائمة" و"قضية الجدار الفولاذي"؛ وقال هنية خلال حفل تكريم لمتضامني قافلة "شريان الحياة 3": "إن الكثير من الرسميين في مصر هم مع فلسطين والقدس وغزة وهم ضد الحصار"، وأكد هنية أن غزة هي التي تدافع عن الدول العربية والإسلامية وتحافظ على أمنها وخاصة أمن مصر، مشدداً على أن الذي يهدد أمن المنطقة بأسرها هي الدولة العبرية. وكشف هنية عن أن الحكومة الفلسطينية ستفتتح شارعاً رئيسياً في غزة وتسميه "شريان الحياة" تكريماً لمتضامني القافلة[96].

وعاهد جورج جالاوي الشعب الفلسطيني، أن يبقى يقاتل طالما بقي حياً ليغير قرار وعد بلفور، مؤكداً أن أعضاء قافلته هم من يساهمون في كتابة التاريخ وصناعة المجد والتحرير. وشدد على أن بناء "جدار العار" بين مصر وغزة لا يمكن أن يتوقف من دون تحد و"أنا سأتحدى هذا الجدار"[97].

وقال نائب رئيس قافلة "شريان الحياة 3" محمد صوالحة: "جئنا لفلسطين لنأخذ منها لا لنعطيها... نحن لم نقدم شيئاً يليق بغزة". وأكد على أنه لو أنصف العرب غزة لرفعوها وأهلها على أكفهم، موضحاً أن القطاع هو مقدمة ورأس رمح ضدّ المشروع الإسرائيلي في المنطقة[98].

وفي 2010/1/7 سلم القائمون على القافلة إلى مؤسسات صحية وخيرية وإغاثية في قطاع غزة سيارات الإسعاف والشحن والحافلات الصغيرة، بالإضافة إلى عدد من

الأجهزة الطبية للمصابين، وعربات للمقعدين الذين فقدوا أطرافهم خلال العدوان الإسرائيلي على غزة[99].

وفي 2010/1/8 غادر أعضاء قافلة "شريان الحياة 3" قطاع غزة. و لم تمض سوى دقائق معدودة على مغادرة جورج جالاوي الأراضي المصرية في طريقه إلى لندن، حتى أصدرت الخارجية المصرية بياناً تعتبره "شخصاً غير مرغوب فيه"، وهو ما يعني حسب الأعراف الدبلوماسية أنه غير مسموح له بدخول مصر مرة أخرى. وأعادت السلطات المصرية إغلاق معبر رفح[100].

قافلة "شريان الحياة 4": كانت ضمن "أسطول الحرية 1" الذي استهدفه الاحتلال الإسرائيلي في نهاية أيار/ مايو 2010.

قافلة "أنصار 1" الأردنية: في 2010/7/5 أطلقت النقابات المهنية في الأردن حملة لجمع التبرعات المادية والعينية من أجل إرسالها ضمن قافلة "أنصار 1" إلى قطاع غزة[101]، وفي 2010/7/13 اتجهت القافلة إلى ميناء العقبة في طريقها إلى قطاع غزة لإيصال مساعدات إنسانية بمشاركة 150 مشاركاً، و25 سيارة، ومساعدات رمزية كالأدوية والمعدات والمستهلكات الطبية ومواد البناء[102]. وقد حظيت بتسهيلات من الحكومة الأردنية، تمثلت بمرافقة دوريات من الأمن لها، عملت على تسهيل وصولها ميناء العقبة على البحر الأحمر[103]. وقررت القافلة العودة إلى عمّان في 2010/7/19، بعد تعثر جهود مرورها عبر الأراضي المصرية إلى قطاع غزة[104]. ونفذ وفد "أنصار 1" في مدينة العقبة، اعتصامين منفصلين، وذلك للاحتجاج على منع سفر الوفد إلى ميناء نويبع المصري[105]. وفي بداية شهر آذار/ مارس 2011 أعلنت لجنة شريان الحياة الأردنية عن إطلاق قافلة "أنصار 2" عبر ميناء العقبة الأردني ونويبع المصري، وذلك بعد سقوط نظام الرئيس المصري السابق حسني مبارك[106].

قافلة "أميال من الابتسامات 1": أعلنت مؤسسة "شركاء من أجل السلام والتنمية للفلسطينيين في أوروبا" بالتعاون مع "اللجنة الدولية لفك الحصار عن قطاع غزة" في

2009/9/14 عن إطلاقها "حملة التضامن مع أطفال غزة"، تضم 110 حافلات تحمل معدات ومستلزمات طبية وتعليمية ومساعدات إنسانية وترفيهية موجهة لأطفال قطاع غزة. وبينت المؤسسة في بيان لها أن هدف الحملة هو "محاولة لرسم البسمة من جديد على وجوه أطفال القطاع المحاصر، ومساعدة طلبة المدارس على المضي في طريقهم التعليمي، والإسهام في إعادة الأمل إلى نفوس مئات المرضى الذي يرقدون في المستشفيات في ظل النقص الشديد لعشرات الأصناف من الأدوية"[107].

وتمّ إرسال مساعدات قافلة "أميال من الابتسامات 1" على دفعتين، ففي 2009/9/19، أعلن منظمو الحملة عن تمكنها من شحن الدفعة الأولى من المساعدات الإنسانية والطبّية لأطفال غزة من ميناء هامبورغ الألماني إلى ميناء بورسعيد المصري تمهيداً لنقلها إلى القطاع. وأوضحت الحملة، أن الدفعة الأولى تضمن 40 باصاً، ومائتي عربة كهربائية متحركة. وفي 2009/9/28 أرسلت الحملة الدفعة الثانية، والمكونة من 60 سيارة إسعاف خاصة بالمعاقين، و75 كرسي كهربائي متحرك للمعاقين، إضافة إلى كمية من الأدوية والمعدات الطبية المختلفة[108]. وبذلك تكون قافلة أميال من الابتسامات تضم 58 حاوية تتضمن 110 سيارة لنقل المعاقين، وتحتوي 275 كرسياً متحركاً كهربائياً وأدوية وأجهزة حاسوب إلى المدارس المتضررة من العدوان الإسرائيلي على قطاع غزة في أواخر سنة 2008. وفي 2009/11/3، بدأت في ميناء بورسعيد المصري عملية نقل محتويات قافلة أميال من الابتسامات إلى باخرتي الشحن اللتين تم التعاقد معهما لنقل المعدات الطبية والتعليمية وحافلات القافلة من ميناء بورسعيد إلى العريش بغية إدخالها لقطاع غزة[109].

وفي 2009/11/12، وصلت قافلة "أميال من الابتسامات 1" إلى قطاع غزة عن طريق معبر رفح البري بعد انتظار طال أكثر من شهر في مصر[110]. وفي 2009/11/14 غادر وفد قافلة "أميال من الابتسامات 1" قطاع غزة[111].

قافلة "القدس 4" الليبية: في 2010/8/2 دخلت قافلة المساعدات الليبية "قدس 4" إلى مدينة العريش المصرية، وتضم 1,100 طن من المساعدات الغذائية والطبية والإنسانية

تنقلها عشرات الشاحنات، تمهيداً لعبورها إلى قطاع غزة عبر مينائي العوجة ورفح[112]. وكانت قافلة "قدس 4" قد حظيت باستقبال شعبي حافل، خلال مرورها بمدينة أجدابيا الليبية، حيث قام أهالي المدينة بالتبرع للمحاصرين في القطاع ببعض السلع الغذائية والمبالغ المالية[113].

قافلة "أميال من الابتسامات 2": أعلنت مؤسسة "شركاء من أجل السلام والتنمية للفلسطينيين في أوروبا" في 2010/7/14، عن بدء استعداداتها للانطلاق بقافلة "أميال من الابتسامات 2" تجاه قطاع غزة، بالتعاون مع "اللجنة الدولية لكسر حصار غزة ونصرة فلسطين"، و"الحملة الدولية للتضامن مع أطفال غزة"، ووكالة الأونروا، والاتحاد الدولي لجمعيات الهلال والصليب الأحمر في منطقة الشرق الأوسط وشمال أفريقيا؛ معلنة في الوقت نفسه عن فتح باب الدعم والتبرع أمام المؤسسات والجمعيات الخيرية الراغبة في المساهمة بدعم القافلة.

وأعلنت الحملة عن أن القافلة ستحمل على متنها العديد من المعدات الطبية من بينها، سكوترات لذوي الاحتياجات الخاصة paramedical، وحواضن أطفال Incubators، وحمالات للجرحى متعددة الأشكال والأصناف ambulance carriers، ودفعة ثانية من سيارات المعاقين scoters special needs، وصناديق إسعاف أولي؛ للاستخدام في المنازل والمراكز التجارية والعيادات الطبية، وأجهزة طبية وأدوية مفقودة يحتاجها القطاع الصحي في غزة، وذلك بكلفة إجمالية تقدر بنحو مليوني دولار[114].

دخلت قافلة "أميال من الابتسامات 2" إلى قطاع غزة عبر معبر رفح في 2010/8/9، وبلغت قيمة المساعدات التي تحملها القافلة نحو مليون يورو (1.33 مليون دولار)، وبلغ عدد المتضامنين الذين تقلهم 41 متضامناً من جنسيات مختلفة.

قافلة "شريان الحياة 5": انطلقت "قافلة شريان الحياة 5" من لندن في 2010/9/18، من أمام البرلمان البريطاني بقيادة جورج جالاوي[115]، حاملة مستلزمات طبية ضرورية ولوازم تعليمية وسيارات إسعاف. وشارك في القافلة التي تنظمها مؤسسة "تحيا

فلسطين" البريطانية، وفود دولية وصلت من أستراليا ونيوزيلندا وماليزيا وكندا والولايات المتحدة. وقد ضم الوفد النيوزيلندي ست شخصيات تمثل عدداً من منظمات التضامن النيوزيلندية مع الشعب الفلسطيني، ووفداً أسترالياً و14 مشاركاً من ماليزيا قاموا بشراء حافلات معبأة بالمساعدات الطبية والإنسانية يستقل كل حافلة شخصان. وتألفت القافلة من 40 شاحنة يقودها 80 متضامناً، وعدد من ممثلي المؤسسات الخيرية والإنسانية التضامنية[116].

وصلت القافلة إلى تركيا في 2010/9/27[117]، ثم دخلت الأراضي السورية في 2010/10/3[118]، وخاطب خالد مشعل أعضاء القافلة قائلاً: إن الحصار على قطاع غزة "انتهى سياسياً وأخلاقياً، و لم يبق إلا أن ينتهي عملياً على أيديكم"، مؤكداً أن معركة كسر الحصار معركة ناجحة ورابحة[119].

وبينما كانت القافلة متواجدة على الأرضي السورية انضم إليها 40 سيارة جزائرية، و53 من الأردن ودول المشرق العربي، حتى وصل عدد المركبات المشاركة في القافلة 137 مركبة[120]. وفي 2010/10/13 سمحت السلطات المصرية بدخول القافلة عبر ميناء العريش[121].

دخلت قافلة "شريان الحياة 5" قطاع غزة عبر معبر رفح في 2010/10/22 دون إشكالات تذكر. وقال الناطق باسم القافلة زاهر بيراوي إن السلطات المصرية سمحت بدخول نحو 342 متضامناً إلى قطاع غزة، وذكر أن المتضامنين جاؤوا "من 30 دولة"[122]. ورحب رئيس الحكومة في غزة إسماعيل هنية بوصول القافلة إلى قطاع غزة، ورأى أن وصول القافلة بما تحمل من مساعدات ومتضامنين من 30 دولة أوروبية وعربية يعد خطوة قوية على طريق إنهاء حصار غزة بشكل كامل، مشدداً على أن وصول القافلة يعد ضربة قوية في جدار الحصار الظالم المفروض على قطاع غزة، داعياً في الوقت نفسه إلى تكثيف تسيير قوافل المساعدات البرية والبحرية وحتى الجوية لقطاع غزة حتى يتم إنهاء الحصار وكسره ورفع الظلم التاريخي عن الشعب الفلسطيني[123].

ومنعت السلطات المصرية منسق القافلة جورج جالاوي من دخول مصر وبالتالي لم يشارك مع وفد "شريان الحياة 5"، وقال السفير حسام زكي المتحدث باسم وزارة الخارجية المصرية إن جالاوي مدرج على قوائم الممنوعين من دخول البلاد. ولن يسمح له تحت أي ظرف بأن تطأ قدماه الأراضي المصرية[124]، وقال رئيس القافلة كيفن اوفيندون Kevin Ovenden: إن "قرار السلطات المصرية منع جالاوي و17 آخرين من المشاركة في القافلة كان أمراً مؤسفاً ومحزناً وقراراً خاطئاً". وأشار اوفيندون إلى أن "بعض المساعدات التي أُدخلت كانت بناء على طلب بعض المؤسسات كأدوية السرطان وغيرها."[125].

وفي 2010/10/23 غادر أعضاء قافلة "شريان الحياة" قطاع غزة، وقال كيفن اوفيندون خلال مؤتمر صحافي عقده قبل المغادرة إن المنظمين بدأوا في الإعداد لانطلاق قافلة "شريان الحياة 6" إلى غزة[126].

قافلة "طريق الأمل" الأوروبية: انطلقت من لندن في 2010/10/10 ودخلت إلى قطاع غزة في 2010/11/25[127]، وكانت تضم 37 متضامناً من بريطانيا وإيرلندا وفرنسا وإسبانيا ونيوزيلندا والأرجنتين، إلى جانب 30 سيارة إسعاف، إضافة إلى 95 طناً من المساعدات والأدوية والمواد التعليمية[128].

استقبل إسماعيل هنية، رئيس الحكومة في غزة، في 2010/11/27 متضامني قافلة طريق الأمل الأوروبية، شاكراً باسم حكومته والشعب الفلسطيني كل المتضامنين الذين صمموا على الدخول إلى غزة وكسر الحصار، ونجحوا في ذلك. وقال هنية خلال اللقاء: "مجرد وصولكم إلى غزة يؤكد برسائل ثابتة قاطعة أن العالم لا يمكن أن يقبل بالظلم والحصار على الشعب الفلسطيني وأن يبقى محتلاً"[129].

ومن جهته، قال رئيس القافلة كينيث أوكيف Kenneth O'Keefe، "تواصلنا مع جهات رسمية مختلفة وأهلية حتى نتجنب أي مشكلة، لكن عند دخولنا الدول العربية واجهتنا مشاكل لدرجة أنه منع عدد من أعضاء القافلة إكمال المسيرة معنا"، شاكراً

المغرب والجزائر تسهيلهما مرور القافلة، وأضاف قائلاً: "لكن الأمر اختلف مع مصر فبعد أن وصلنا إلى حدودها مع ليبيا منعنا من المرور على أراضيها مما اضطرنا أن نستأجر سفينة ليبية بقيمة 70 ألف دولار، وهذه أموال كانت حق لأطفال غزة"[130].

قافلة "القدس 5" الليبية: في 2011/1/13، وصلت إلى قطاع غزة عبر معبر رفح الحدودي، محملة بـ 80 طناً من الأدوية والمستلزمات الطبية[131]، و20 شاحنة تحمل ألفي طن من حليب الأطفال واحتياجات المعاقين والمواد التموينية والبطانيات والخيام[132]. وقال نوري بن عثمان، منسق "اللجنة الأهلية الدائمة لدعم الشعب الفلسطيني" في ليبيا إن القافلة جُمعت من فعاليات ليبية، ومن القيادات الشعبية الاجتماعية...، تحت إشراف اللجنة العليا للدعم المالي والمساعدات للشعب الفلسطيني[133].

وأكد أحمد بحر، النائب الأول لرئيس المجلس التشريعي، خلال استقباله متضامني قافلة "قدس 5" في مقر المجلس بمدينة غزة، أن القافلة جاءت لتؤكد وقوف ليبيا حكومة وشعباً بجانب الفلسطينيين من أجل كسر الحصار[134]. كما استقبل القيادي في حركة حماس محمود الزهار أعضاء القافلة[135].

قافلة "آسيا 1": انطلقت من العاصمة الهندية نيودلهي في 2010/12/2، ودخلت إلى قطاع غزة في 2011/1/3 من معبر رفح، وكانت تضم متضامنين من 20 دولة آسيوية، يمثلون 135 مؤسسة من مؤسسات المجتمع المدني، وتقل أربع سيارات إسعاف وثماني شاحنات تحمل ألف طن من المساعدات الطبية والملابس وحليب الأطفال ومعدات لذوي الاحتياجات الخاصة والجرحى في قطاع غزة[136]. وكان عدد من المسؤولين الفلسطينيين في دمشق، وبينهم رئيس المكتب السياسي لحركة حماس خالد مشعل، قد قاموا في 2010/12/30 بالمشاركة في حفل لتكريم القافلة[137].

وقال المتضامن الهندي فيروز ميثبوروالا Feroze Mithiborwala، رئيس قافلة "آسيا1"، للصحفيين عقب وصوله إلى قطاع غزة، إن الهدف من القافلة "هو المطالبة بتحرير فلسطين أولاً وإقامة دولتها المستقلة وعاصمتها القدس، والتضامن مع الفلسطينيين من أجل فك الحصار"[138].

وأكد إسماعيل هنية، خلال استقباله أعضاء القافلة في 2011/1/4، أن "قافلة آسيا 1 شأنها كشأن كل القوافل في الإيجابيات التي تبثها في روح الشعب الفلسطيني، تعزز صمود الشعب الفلسطيني في وجه الاحتلال والحصار، كما أنها تفضح الطبيعة العدوانية للاحتلال، كما تخلخل الحصار وتعمل على إضعافه". وقال: "إن كان لا بد من نداء نوجهه فهو نداء باستمرار القوافل براً وبحراً، وبأي طريقة ممكنة حتى يكسر الحصار"[139].

كما رحبت حركة الجهاد الإسلامي بوصول قافلة "آسيا 1"، ورأت أن "وصول القافلة في هذا التوقيت حيث تتصاعد الاعتداءات الصهيونية على شعبنا وأرضنا ومقدساتنا هو رسالة تضامن ورسالة تحدٍ للتهديدات الصهيونية مفادها أن فلسطين والقدس وغزة ليست وحدها"[140].

قافلة "أميال من الابتسامات 3": أعلنت مؤسسة "شركاء من أجل السلام والتنمية للفلسطينيين في أوروبا" في 2011/5/15، وتحت شعار "لنشارك معاً في منح أطفال غزة الحياة"، عن بدء استعداداتها للانطلاق بقافلة "أميال من الابتسامات 3" تجاه قطاع غزة حاملة معها الكثير من الأدوية والمعدات الطبية وسيارات خاصة بالمعاقين، وذلك بالتعاون مع "اللجنة الدولية لكسر حصار غزة ونصرة فلسطين"، و"الحملة الدولية للتضامن مع أطفال غزة"، ووكالة الأونروا، والاتحاد الدولي لجمعيات الهلال والصليب الأحمر في منطقة الشرق الأوسط وشمال أفريقيا.

وقد أطلقت الحملة الدولية للتضامن مع أطفال غزة بالتعاون مع الصندوق الفلسطيني للإغاثة والتنمية (انتربال) في 2011/5/16 حملة تبرعات تمكنت من خلالها من جمع مبلغ 3.5 ملايين دولار، تم تخصيصها لشراء الأدوية والمعدات الطبية التي ستحملها القافلة إلى قطاع غزة[141].

انطلقت القافلة من ميناء فينيسيا الإيطالي في 2011/6/9 إلى ميناء الإسكندرية المصري في طريقها إلى ميناء العريش المصري، ودخلت إلى قطاع غزة في 2011/6/19

عن طريق معبر رفح البري، وضمت 16 سيارة محملة بأدوية خاصة ومعدات طبية، بالإضافة إلى أربعة آلاف علبة من حليب الأطفال. ورافق القافلة 52 فرداً من المتضامنين معها من مختلف الجنسيات الأوروبية.

وقال عصام مصطفى منسق قافلة "أميال من الابتسامات 3": "نحن جئنا لنرسم البسمة على وجوه أطفال غزة المحاصرين... ولنضمد جرح المرضى الذين باتوا بلا أدوية وعلاج منذ أسابيع مضت... جئنا لنقول لهم وجعكم هو وجعنا وألمكم هو ألمنا، ولن يهدأ لنا بال حتى يتم كسر الحصار بالكامل عن غزة". وتابع قائلاً: "هذه أول قافلة تأتي في ظل الثورات العربية وفي ظل فتح معبر رفح وبداية كسر الحصار المضروب على غزة منذ خمس سنوات متواصلة". وأعلن عن التحضير لـ"أميال من الابتسامات 4"[142].

قوافل ومساعدات متنوعة: منعت السلطات المصرية مرور العديد من قوافل المساعدات من دخول قطاع غزة، ومنها منع الشرطة المصرية في 2008/9/10 لقافلتي مساعدات، تتكوّنان من عشرة باصات وسيارات خاصة وثلاث شاحنات كبيرة محملة بالأدوية والملابس وحليب الأطفال، نظمتها المعارضة المصرية. وشارك في القافلتين محمود الخضيري رئيس حملة كسر الحصار على غزة وأعضاء في مجلس الشعب المصري وأعضاء في جماعة الإخوان المسلمين، ونشطاء من الجزائر واليمن وجنوب أفريقيا. وقال الناطق باسم كتلة الإخوان البرلمانية النائب حمدي حسن، وهو أيضاً منسق حملة كسر الحصار على غزة، إن الهدف من القوافل هو "إبلاغ الحكومة المصرية والحكومات العربية رسالة بضرورة العمل على رفع الحصار عن الشعب الفلسطيني وإنقاذ سكان غزة من المجاعة التي يتعرضون لها"[143]. وأعرب عن إدانته لقيام السلطات المصرية بمنع مرور الحافلات، موضحاً أن قطاع غزة محاصر من قبل مصر و"إسرائيل"[144]. وأعلنت اللجنة التنفيذية للحملة الشعبية لكسر الحصار المفروض على قطاع غزة أنها سترفع دعاوى قضائية ضد المسؤولين عن منع وفد الحملة من الوصول إلى قطاع غزة[145].

كما أدان فوزي برهوم المتحدث باسم حركة حماس منع القافلة من التقدم إلى غزة، وقال إن "منع القافلة التي تعتزم إعلان التضامن مع غزة هو تحد لمشاعر الشعب الفلسطيني الذي يعاني الحصار المستمر في غزة وتحد لمشاعر المصريين الذين يريدون المساعدة"[146].

وتحت شعار "السادس من أكتوبر موعد جديد لرفع الحصار عن قطاع غزة"، أعلن ناشطون تابعون لـ 16 منظمة أهلية وأحزاب ونقابات مصرية عزمهم تسيير قافلة تعد الثانية من نوعها، تحمل مواد طبية وإغاثية باتجاه معبر رفح في 2008/10/6[147]. غير أن السلطات المصرية منعت القافلة من التوجه إلى غزة، واعتقلت 30 ناشطاً مصرياً. وأعلن على إثرها النائب محمد البلتاجي إلغاء توجه القافلة إلى غزة[148]. وقال النائب حمدي حسن إن منع قافلتين إغاثيتين من الشعب المصري من الوصول إلى غزة، يؤكد تورط الحكومة المصرية في المشاركة في فرض الحصار على غزة[149].

وفي 2008/12/7 منعت أجهزة الأمن المصرية قافلة إغاثية كان يفترض تسييرها من محافظة الجيزة، حيث طوقتها الشرطة وقوات مكافحة الشغب، وطاردت المشاركين فيها، واعتقلت عشرات منهم.

وفي 2009/3/19 دخلت القافلة من أجل السلام التي يرعاها الكاتب اليهودي الفرنسي مارك هالتر Marek Halter، بمبادرة من المؤتمر الدولي للأئمة والحاخامات من أجل السلام، ويشارك فيها حاخامات وأئمة وكهنة إلى قطاع غزة عبر معبر بيت حانون لتوزيع هدايا على الأطفال. وكان أعضاء القافلة قد وزعوا هدايا على أطفال مستوطنة سديروت الإسرائيلية[150].

واستطاعت لجنة الإغاثة الإنسانية بنقابة الأطباء المصرية في 2009/4/20 بالتنسيق مع السلطات المصرية إدخال ثلاث شاحنات أدوية، وأجهزة ومعدات طبية[151]. كما وصل إلى قطاع غزة في 2009/4/23 وفد برلماني اسكتلندي، يضم خمسة أعضاء، وينقل ستة أطنان من المساعدات الطبية[152].

وتمكّنت لجنة الإغاثة الإنسانية بنقابة الأطباء المصرية من إدخال 15 شاحنة معونات غذائية وتجهيزات مدرسية في 2009/7/21 إلى قطاع غزة، بقيمة مليوني جنيه (حوالي 333 ألف دولار أمريكي) عن طريق معبر العوجة[153].

كما وصلت إلى معبر العوجة دفعة مساعدات مصرية جديدة مقدمة للفلسطينيين في طريقها إلى قطاع غزة، تضم 15 شاحنة تحمل نحو 30 ألف بطانية، مقدمة من اتحاد الأطباء العرب ونقابة أطباء مصر والهلال الأحمر المصري إلى جانب بعض الدول العربية[154]. وفي 2010/2/10 أطلقت لجنة الإغاثة والطوارئ باتحاد الأطباء العرب أكبر قافلة أدوية مصرية إلى قطاع غزة بتكلفة 13 مليون جنيه مصري (2.5 مليون دولار تقريباً)[155]، وفي 2010/2/12 دخلت القافلة إلى القطاع المحاصر[156].

وفي 2011/3/6 دخل 12 متضامناً مصرياً وأجنبياً من "التحالف الدولي لإنهاء حصار غزة" إلى قطاع غزة عبر معبر رفح. ويعد هذا الوفد الأول بعد زوال حكم مبارك المتهم نظامه في المشاركة في حصار غزة. وحمل الوفد "كيساً" من الإسمنت معه كدلالة رمزية على ضرورة السماح بإدخال المواد الغذائية ومواد البناء لإعادة إعمار المنازل والمباني التي هدمت من خلال الحرب في 2008-2009. وكان الهدف الرئيسي من الزيارة هو ضرورة فتح معبر رفح البري بشكل كامل وكسر الحصار عن غزة[157].

أبرز المساعدات الرسمية: في 2008/12/26 سمحت السلطات الإسرائيلية بعبور أول قافلة مساعدات مصرية رسمية، مقدمة من الهلال الأحمر المصري، عبر معبر كرم أبو سالم إلى قطاع غزة بعد أن عطلت دخولها خمسة أيام. وضمت القافلة خمس شاحنات، تحمل 40 طناً من الدقيق، وعشرة أطنان من السكر، وأجهزة طبية[158]. كما استقبل مطار العريش المصري 95 طائرة تحمل 1,176 طناً من المساعدات من الدول العربية والإسلامية وروسيا منذ بدء العدوان الإسرائيلي على غزة في 2008/12/27

حتى تاريخ 2009/1/11[159]. وذكرت جريدة الأهرام المصرية أن 3,449 طناً من المساعدات الطبية وصلت إلى القطاع خلال العدوان[160].

وانطلقت من السعودية في 2009/1/12 المرحلة الأولى من "حملة خادم الحرمين الشريفين لإغاثة الشعب الفلسطيني" عبر جسر بري لنقل المساعدات العينية لأهالي قطاع غزة، حيث سيّرت 59 شاحنة بحمولة 670 طناً من المواد الغذائية والأدوية والمعدات الطبية و30 سيارة إسعاف. وذكر المدير التنفيذي للحملة مبارك سعيد البكر أن الحملة رصد لها أكثر من 63 مليون ريال (حوالي 16.8 مليون دولار أمريكي)، يستفيد منها 850 ألف شخص، ويتم خلالها توزيع 270 ألف وجبة غذائية يومياً لمدة 30 يوماً[161]. وخلال شهر آذار/ مارس 2009 نفذت الحملة المرحلة الثانية من برنامجها الخاص لأهالي قطاع غزة[162]. وأطلقت السعودية في 2009/5/6 قافلة مساعدات إنسانية لقطاع غزة هي الثالثة منذ العدوان الإسرائيلي نهاية 2008، وتبلغ حمولة القافلة أكثر من 931 طناً بقيمة أكثر من 11.4 مليون ريال سعودي (نحو ثلاثة ملايين دولار)، وتضم أكثر من 45 شاحنة[163]. وفي 2009/8/9 انطلقت قافلة سعودية إلى قطاع غزة تضم 24 شاحنة تحمل 352 طناً من المساعدات الغذائية والطبية والإيوائية[164].

وفي 2010/4/19 تسلمت وكالة الأونروا القافلة الأولى من مساعدات سعودية في طريقها إلى قطاع غزة، واشتملت على 32 شاحنة تحمل 750 طناً من مادة الطحين كمرحلة أولى من مجموع منحة قدرها ألفا طن من الطحين تبلغ قيمتها مليونا دولار أمريكي[165]. وفي 2010/6/4 أرسلت السعودية الدفعة الثانية من الطحين، والتي هي عبارة عن 1,200 طن[166].

ووصلت إلى قطاع غزة في 2009/8/18 قافلة مساعدات تبرعت بها منظمة المؤتمر الإسلامي، تضم 20 شاحنة محملة بـ 188 طناً من المواد الإغاثية والتموينية بلغت كلفتها الإجمالية 328 ألف دولار[167]. كما وصلت في 2009/8/19 إلى قطاع غزة مساعدات مقدّمة من السعودية ومصر والأردن والعراق واليمن عبر معبر كرم أبو سالم، حيث دخلت 120 طناً من المساعدات الغذائية مقدّمة من السعودية، و22 طناً

من زيت الطعام من مصر، وخمسة أطنان زيت من العراق، وثمان شاحنات تقل أحذية وملابس وأغطية مقدّمة من منظمة المؤتمر الإسلامي[168]. وفي 2009/8/19 سلم سفير دولة الكويت لدى الأردن وكالة الأونروا 14 شاحنة محملة بحوالي 300 طن من المساعدات مقدمة من إلى أهالي قطاع غزة[169].

ووصلت شحنة مساعدات إماراتية إلى قطاع غزة عن طريق معبر العوجة التجاري محملة بنحو 700 طن مساعدات غذائية في 2009/9/8، في طريقها إلى القطاع[170]. كما وصلت إلى العاصمة الأردنية عمان في طريقها إلى قطاع غزة في 2009/9/25 قافلة برية إماراتية تضم 121 سيارة متنوعة لدعم قدرات المؤسسات الصحية والاجتماعية والخدمية هناك[171].

وفي 2010/2/11 أرسلت الهيئة الخيرية الأردنية الهاشمية 2,200 جهاز حاسوب محمول "لاب توب" تعمل على الطاقة الشمسية إلى قطاع غزة من خلال وكالة الأونروا[172]. وسيرت الهيئة الخيرية الأردنية الهاشمية إلى قطاع غزة 343 قافلة مساعدات بالتنسيق مع الدول العربية والإسلامية منذ بدء الحصار على القطاع حتى نهاية نيسان/ أبريل 2011[173].

كما توجهت قافلة مساعدات سورية تحمل 141 طناً من المواد الغذائية في 2010/2/11 إلى غزة، وقال رئيس اللجنة العربية السورية العليا لدعم الشعب الفلسطيني أحمد عبد الكريم إن "اللجنة العليا السورية لدعم الانتفاضة أرسلت حتى الآن 29 قافلة مساعدات لأهالي قطاع غزة وتستمر بإرسال المزيد من المساعدات كل ثلاثة أشهر"[174]. وخلال شهر أيلول/ سبتمبر 2010 دخلت قافلة مساعدات سورية، تضم أكثر من 600 طن من المواد الغذائية والملابس والأدوية والمعدات الطبية، عبر معبر رفح إلى قطاع غزة[175]. وفي 2010/11/8 انطلقت قافلة مساعدات إماراتية، تضم 35 شاحنة من المواد الطبية والأغذية إلى قطاع غزة[176].

ووصل وفد جزائري يضم برلمانيين ورؤساء جمعيات وشخصيات اعتبارية في 2010/6/12 إلى قطاع غزة عبر معبر رفح، ناقلاً مساعدات طبية وإنسانية[177].

ثالثاً: قوافل كسر الحصار البحرية

قامت العديد من المنظمات والهيئات الأوروبية والعربية والإسلامية بتسيير قوافل بحرية لإغاثة قطاع غزة المحاصر البالغ تعداد سكانه نحو 1.562 مليون نسمة، وكانت الغاية من هذه السفن إنسانية أخلاقية، يحمل بعضها الغذاء، وبعضها الدواء... إلخ. وانتقلت هذه المنظمات من حالة الإدانة والشجب والاستنكار للحصار إلى التحرك الفعلي ومحاولة الوصول إلى غزّة وتفقّد أحوالها والتضامن مع أهلها ونقل صور المعاناة باختلاف ألوانها إلى المجتمع الدولي المشارك في حصارها بشكل أو بآخر.

فكان إلى جانب القوافل البرية، ما عرف بـ"سفن كسر الحصار عن غزة"، وهي مجموعة من السفن توجهت إلى قطاع غزة لإغاثة أهله المحاصرين. وينقسم الحديث عن هذه السفن إلى قسمين:

1. السفن التي وصلت إلى قطاع غزة.
2. السفن التي منعت من الوصول.

1. السفن التي وصلت إلى قطاع غزة:

سفينتا "الحرية" و"غزة الحرة": شكل نجاح السفينة الأولى في الوصول إلى قطاع غزة حافزاً لسلسلة من السفن الأخرى في كسر حاجز الخوف والرهبة من يد البطش الإسرائيلية، وأملاً على طريق فك الحصار. ففي 2008/8/23 وصلت سفينتا "الحرية" و"غزة الحرة" إلى غزة في أوّل محاولة كسر بحري للحصار الإسرائيلي على قطاع غزة، تحملان على متنهما أكثر من 46 متضامناً من 17 دولة، وذلك بعد رحلة امتدت أربعين ساعة في عرض البحر. وحملت إحدى السفينتين مساعدات طبية للأطفال الصم في قطاع غزة تشتمل على 200 جهاز خاص للأطفال ضعاف السمع وآلاف البالونات[178].

بعد تهديد "إسرائيل" بوقف السفينتين وإعلانها مياه غزة الإقليمية منطقة عسكرية مغلقة، قررت السماح للسفينتين بالوصول إلى غزة، وذكرت الحكومة الإسرائيلية أن هذا القرار اتخذ بعد مشاورات جرت بين رئيس الوزراء، إيهود أولمرت، ونائبه وزيري الخارجية، تسيبي ليفني Tzipi Livini، والدفاع، إيهود باراك. وأكد الناطق بلسان وزارة الخارجية الإسرائيلية أن قرار "إسرائيل" بعدم اعتراض طريق الزورقين اتخذ لأن "إسرائيل" تعلم بحمولتهما وهوية ركابهما[179].

رحبت الرئاسة الفلسطينية بمبادرة المتضامنين الأجانب الذين وصلوا إلى شواطئ غزة على متن سفينتين لكسر الحصار، وطالب نمر حماد، المستشار السياسي للرئيس محمود عباس، "إسرائيل" بالكف عن استفزاز المتضامنين الأجانب، والتوقف عن منعهم من ممارسة أنشطتهم السلمية، التي يعبرون فيها عن احتجاجهم على الحصار الإسرائيلي الظالم المفروض على قطاع غزة منذ أكثر من عام[180].

كما دعا إسماعيل هنية الأمين العام لجامعة الدول العربية عمرو موسى ووزراء الخارجية العرب إلى المبادرة بالوصول إلى قطاع غزة عبر معبر رفح. كما طالب العرب بالتحرك الجريء والعاجل على وقع وصول السفينتين إلى غزة. ودعا مصر إلى كسر الحصار، وفتح معبر رفح. وذكر أن وصول السفينتين هو "بمثابة دق مسمار في نعش الحصار"[181]. ومنح هنية النشطاء الأجانب "وسام فلسطين لكسر الحصار" وجوازات سفر فلسطينية، وعرض خلال اجتماعه مع النشطاء منحهم الجنسية الفلسطينية[182].

من جهته، شدد النائب في المجلس التشريعي الفلسطيني مصطفى البرغوثي، رئيس المبادرة الوطنية، على أن "المطلوب بعد هذه الخطوة التضامنية الكبيرة أن يتمرد العرب ويعلنوا عن كسر الحصار... نريد أن نرى معبر رفح مفتوحاً وتنتهي هذه المأساة الكبيرة في غزة"[183].

وقال المتحدث باسم حركة حماس، سامي أبو زهري، إن وصول سفينتي كسر الحصار إلى غزة "يمثل إدانة للموقف الرسمي العربي". وأضاف قائلاً: "إذا كان هؤلاء

المتطوعون الأوروبيون يخاطرون بأنفسهم لفك الحصار عن غزة العربية، فالأولى بالدول العربية أن تتحرك لكسر الحصار"[184].

وعدّت حركة الجهاد الإسلامي هذه الخطوة بمثابة "خطوة مهمة وجريئة على طريق رفع الحصار الظالم علينا في القطاع". كما أكدت الجبهة الشعبية لتحرير فلسطين أن نجاح وصول السفينتين إلى ميناء غزة جاء نتيجة "جهد متواصل بدءاً من المتضامنين الأجانب الذين عانوا من السفر ومخاطره، ونتيجة تصميم وإرادة القوى الفلسطينية، سواء الحملة الشعبية لكسر الحصار، أو الحملة الدولية"[185]. كما رحبت حركة فتح على لسان النائب فيصل أبو شهلا بالسفينتين[186].

اعتقلت الشرطة الإسرائيلية جيف هيلفر Jeff Helvr، وهو ناشط سلام إسرائيلي ورئيس "اللجنة الإسرائيلية ضد هدم البيوت"، ومشارك في رحلة السفينتين، بعد محاولته العودة إلى الأراضي الفلسطينية المحتلة عبر معبر بيت حانون[187].

وفي 28 من الشهر نفسه غادرت السفينتان وعلى متنهما 39 ناشطاً و7 فلسطينيين، وأعلنت حركة "غزة الحرة" ومقرها في الولايات المتحدة التي نظمت الرحلة أنها ستكرر التجربة[188].

سفينة "لجنة الإغاثة الإنسانية في مصر": إن وصول سفينتي الحرية وغزة الحرة، زاد من العزيمة والإصرار على تكرار محاولات كسر الحصار البحرية، فكانت المحاولة الثانية عربية مصرية، حيث وصلت في 2008/10/20 قافلة إغاثة بحرية من لجنة الإغاثة الإنسانية في مصر إلى قطاع غزة. وقال عبد القادر حجازي الأمين العام للجنة: "إن القافلة تم تجهيزها بالمواد الغذائية، وكميات من الأدوية والمستلزمات الطبية و250 طن دقيق للتخفيف من معاناة قطاع غزة المحاصر"، مشيراً إلى أن القافلة تم شحنها من ميناء شرق بورسعيد، ثم تحركت عبر مياه البحر المتوسط حتى ميناء أسدود، ومنه تمّ إعادة شحنها براً إلى معبر صوفا إلى غزة[189].

سفينة "الأمل": ثم جاءت سفينة الأمل لتكون رابع سفينة تنجح في الوصول إلى شواطئ قطاع غزة وذلك في 2008/10/29، وكان على متنها 27 ناشطاً عربياً وتركياً وأوروبياً، وحملت السفينة التي ينتمي ركابها إلى عشر دول معدات طبية وأدوية، كما أقلت عدداً من الأطباء الذين قاموا بإجراء عمليات جراحية عاجلة في القطاع[190]. ونظمت الرحلة حركة "غزة الحرة" وانطلقت من ميناء لارنكا القبرصي. وكان على متنها الناشطة الإيرلندية ميرياد ماجواير Mairead Maguire، الحاصلة على جائزة نوبل للسلام عام 1976، وناشط سلام إسرائيلي، والنائب في المجلس التشريعي الفلسطيني مصطفى البرغوثي، وفلسطينيون من الـ 48 والضفة الغربية.

وكانت وزارة الخارجية الإسرائيلية قد أعلنت أنها ستمنع سفينة الأمل من الوصول إلى شواطئ غزة، وحال الجيش الإسرائيلي دون دخول السفينة المياه الإقليمية، لكن "إسرائيل" عدلت عن قرارها وسمحت بدخول السفينة[191].

قلّد إسماعيل هنية، رئيس الحكومة في غزة، المتضامنين الذين وصلوا على متن سفينة الأمل وسام كسر الحصار، ومنحهم جوازات سفر فلسطينية، تكريماً لقيامهم بهذه المهمة. ووصف هنية خلال استقباله ركاب السفينة المتضامنين بالأبطال، وعبر عن شكره وتقديره لجهودهم، وأضاف أن رحلة سفينة الأمل تدل على أن الحصار على غزة ليس بإرادة دولية، بل بإرادة بعض القوى الظالمة، وأنه بقرار رسمي، وليس بقرار شعبي. واعتبر وجود يهودي على متن السفينة يدلل أنهم ليس ضد اليهود كيهود، وإنما ضد الاحتلال الذي يحتل الأرض الفلسطينية ويفرض الحصار[192].

من جهته، دعا محمد عوض، أمين عام مجلس وزراء في قطاع غزة كافة القادة العرب، وأمين جامعة الدول العربية، وأمين عام منظمة المؤتمر الإسلامي لزيارة قطاع غزة عبر البحر، كطريق مفتوح دون أي معيقات ليثبتوا أنهم أهل القطاع بالعمل لا بالقول فقط[193].

كما رحب رئيس اللجنة الشعبية لمواجهة الحصار النائب جمال الخضري بالمتضامنين الذين يمثلون 13 دولة، داعياً إلى الاستمرار في تنظيم الفعاليات والأنشطة

وتسيير رحلات كسر الحصار. وأكد النائب مصطفى البرغوثي أنه تمكن من الوصول إلى غزة بعد عامين من منعه من الوصول للتضامن مع سكانها ومن دون موافقة من الإسرائيليين، مشدداً على أن المتضامنين كانوا مسلحين بالإرادة كي يوصلوا لأهالي غزة رسالة مفادها "أننا لن نتخلى عنكم ولن نقبل بتكريس الانقسام ولا بد من عودة الوحدة الفلسطينية". وناشد العرب "أن يتخذوا قراراً موحداً لرفع الحصار"[194].

كما رحبت الفصائل الفلسطينية في بيانات منفصلة بالمتضامنين الدوليين الذين وصلوا لقطاع غزة على متن سفينة كسر الأمل. وقال فوزي برهوم، المتحدث باسم حماس، إن وصول المتضامنين لقطاع غزة يؤكد على أنه لم يعد هناك مستحيل، وأنه بالإمكان إنهاء حصار غزة لو توفرت الإرادة العربية الرسمية والفعلية لإنهائه، مشدداً على أنه لم يعد مبرراً حتى هذه اللحظة إبقاء هذا الحصار، مطالباً مصر بفتح معبر رفح. واعتبرت حركة الجهاد الإسلامي، أن نجاح المتضامنين الدوليين في كسر الحصار والوصول إلى غزة يضع الجامعة العربية والجميع أمام مسؤولياتهم. وأكد أبو مجاهد، "الناطق الرسمي باسم لجان المقاومة الشعبية، أن وصول سفينة الأمل شكل رسالة واضحة إلى جميع الأطراف بسقوط سياسة الحصار[195].

سفينة "الكرامة": وصلت سفينة "الكرامة" ميناء غزة البحري في 2008/11/8 منطلقة من ميناء لارنكا في قبرص، ونظم هذه الرحلة البحرية "الحملة الأوروبية لرفع الحصار عن غزة، ومركز العودة الفلسطيني"، وحركة "غزة حرة" وبمشاركة لجان وقوى تضامنية فاعلة. وقال عرفات ماضي، رئيس الحملة الأوروبية لرفع الحصار عن غزة إن هناك وفداً برلمانياً على متن سفينة الكرامة مكوّناً من أحد عشر برلمانياً من عدة دول أوروبية، وهم يمثلون الوفد البرلماني الدولي المكون من 53 نائباً برلمانياً دولياً الذي منعته مصر من الدخول إلى غزة عبر معبر رفح، إلى جانب نشطاء سلام وحقوقيين[196]، إلى جانب مشاركة وزيرة التعاون الدولي في حكومة توني بلير Tony Blair السابقة كلير شورت Clare Short. وأفاد رئيس اللجنة الشعبية لمواجهة الحصار جمال

الخضري أن السفينة تحمل طناً من الأدوية والتجهيزات، ومعدات لإجراء عمليات جراحية نادرة لجرحى ومرضى غزة[197].

وكان عدد من الشخصيات الفلسطينية الوطنية والحقوقية وأعضاء من التشريعي الفلسطيني والوزراء، إضافة إلى عدد من ممثلي الحملات والفعاليات في غزة في استقبال "سفينة الكرامة" لدى وصولها إلى ميناء غزة[198].

وفي 2008/11/10 غادرت سفينة الكرامة وهي تحمل 21 متضامناً و8 مواطنين من المرضى والطلبة والعالقين الذين تنطبق عليهم شروط السفر القبرصية[199]. وحث عرفات ماضي جميع الأحزاب والنقابات العربية والأوروبية للتحرك فوراً في إرسال المزيد من السفن إلى قطاع غزة[200].

وعبّر اللورد نظير أحمد Nazir Ahmad، رئيس الوفد البرلماني الدولي، لدى عودته إلى لندن عن صدمته مما شاهده في قطاع غزة، وقال: "نحن حزينون جداً ومصدومون من الأحوال الإنسانية المأساوية التي رأيناها خلال زيارتنا إلى غزة، ولم نكن نتوقع على الإطلاق حجم المأساة الإنسانية التي يعيشها مليون ونصف المليون إنسان فلسطيني"، منددأً في الوقت ذاته بإصرار السلطات المصرية على إغلاق معبر رفح[201]. وطالب اللورد أحمد مندوب اللجنة الرباعية توني بلير بزيارة غزة لـ"التحاور مع الفلسطينيين". وانتقد موقف الدول العربية من الحصار، وما آلت إليه الأوضاع الاقتصادية، وقال: "إن بلد عربي وحيد منتج للنفط يستطيع أن يحل أزمة غزة إذا أراد ذلك"[202].

وقالت كلير شورت: على الرغم من "ظروفهم الإنسانية المأساوية، إلا أن الفلسطينيين استقبلونا بحفاوة كبيرة، ووجدنا إصراراً هائلاً منهم على تحسين ظروفهم المعيشية والمحافظة على مكتسباتهم الديموقراطية"[203].

سفينة "ديجنيتي" Dignity: سمحت "إسرائيل" للسفينة بدخول شاطئ غزة في 2008/12/9، وكانت السفينة، الذي نظمت رحلتها حركة "غزة الحرة"، قد

انطلقت من مرفأ لارنكا القبرصي، إلى ميناء غزة وعلى متنها 12 شخصاً بينهم أساتذة بريطانيون، وجراح بريطاني للتطوع بالعمل في المستشفيات المحلية، وناشطون للدفاع عن حقوق الإنسان وصحافيون. وجاء مع السفينة فلسطيني كان منع من العودة إلى غزة حيث تقيم أسرته، كما نقلت السفينة طناً من المعدات الطبية[204].

غير أن الرئيس عباس قال في معرض تعليقه على سفن كسر الحصار التي تصل إلى غزة:

> هذه لعبة سخيفة اسمها كسر الحصار.. السفن تنطلق من ميناء لارناكا القبرصي [هذا] صحيح. [لكن] أولاً، السفارة الإسرائيلية تأخذ كل جوازات سفر من سيركب السفينة للتأكد من هويات المسافرين، ثم تتفحص ما ستحمله السفينة من مساعدات. ثانياً، قطع البحرية الإسرائيلية تعترض طريق هذه السفن، وتتأكد من الموجودين على السفينة والبضائع المحملة، قبل أن تسمح لهم بمواصلة الرحلة إلى غزة.. فأين هو كسر الحصار... وبعدين [ومن ثمّ] إذا كنت تريد [كنتم تريدون] إرسال مساعدات إلى غزة لماذا لا ترسلوها عبر مصر أو الأردن.. مصر توصل كل شيء وكذلك الأردن[205].

سفينة "الكرامة" القطرية: وصلت سفينة الكرامة القطرية إلى ميناء غزة قادمة من ميناء لارنكا القبرصي في 2008/12/20، محملة بمساعدات إنسانية مقدمة من أهل قطر، ومتضامنين أجانب وصحفيين. وتُعدّ السفينة، والتي تحمل اسم "مبادرة أهل قطر"، الخامسة من نوعها التي تسيرها حركة "غزة حرة" لكسر الحصار عن قطاع غزة[206]. وغادرت سفينة الكرامة قطاع غزة بعد يومين من وصولها مصطحبة خمسة فلسطينيين عالقين في غزة[207].

2. السفن التي منعت من الوصول:

سفينة "المروة" الليبية: منعت سلطات الاحتلال الإسرائيلي سفينة المروة الليبية في 2008/12/1 من الوصول إلى قطاع غزة المحاصر، وكانت تحمل ثلاثة آلاف طن

من المساعدات الغذائية والدوائية[208]، وشملت 500 طن من الزيوت، و750 طن من الحليب، و1,200 طن من الأرز، و500 طن من دقيق القمح، و100 طن من الأدوية، على ما أفاد صندوق ليبيا للمساعدة والتنمية في إفريقيا. و لم يؤد اعتراض السفينة لأي إصابات.

وأكدت الخارجية الإسرائيلية أن زوارق حربية تابعة لسلاح البحرية اعترضت السفينة الليبية التي حاولت الاقتراب من سواحل قطاع غزة، وأجبرتها على العودة إلى مدينة العريش المصرية، وأوضحت أنه يحق لأي دولة عربية تحويل المساعدات الإنسانية إلى قطاع غزة عن طريق "إسرائيل"[209].

وعدّ سفير ليبيا لدى الأمم المتحدة جاد الله الطلحي قيام زوارق حربية إسرائيلية بالتهديد باستخدام القوة لمنع سفينة المروة، بأنه من أعمال القرصنة وفقاً للاتفاقية الأممية لقانون البحار، وطلب من المجلس اتخاذ الإجراءات العاجلة اللازمة للسماح للسفينة بدخول ميناء غزة، وتفريغ شحنتها من المساعدات الغذائية والدوائية، مشيراً إلى أن بلاده ستسمح للأمم المتحدة أو منظمات أخرى بالتأكد من شحنة السفينة. غير أن هذا الموقف لم يرق للسفير الأمريكي لدى المنظمة الأممية أليخاندرو وولف Alejandro Wolff ووصف الاتهام الليبي لتل أبيب بالقرصنة بأنه سخيف، ورأى في تصرف طرابلس إرسال سفينة إلى غزة مباشرة أنه خطير وغير مسؤول، مشيراً إلى أن هدف الجماهيرية من وراء ذلك فيما يبدو "الاستفزاز وربما الدعاية"[210]. وحملت ليبيا بشدة أمام مجلس الأمن على ما وصفته بالقرصنة الإسرائيلية بمنع سفينة الأمل من إيصال معونات إنسانية إلى قطاع غزة، بيد أن الولايات المتحدة وبريطانيا ودولاً أخرى في مجلس الأمن قوضت جهود طرابلس للتنديد بالسلوك الإسرائيلي[211].

من جانبها دانت جامعة الدول العربية منع السفينة من الوصول إلى غزة. وقال الأمين العام المساعد للجامعة لشؤون فلسطين السفير محمد صبيح، إن تعرض القوات الإسرائيلية للسفينة "يظهر الوجه العنصري للسياسة الإسرائيلية البغيضة التي تعمل على

التفرقة في مصادر إرسال المساعدات لغزة المحاصرة في وقت يعاني الفلسطينيون أشد أنواع المعاناة"[212].

أما في قطاع غزة، فقد قوبل المنع الإسرائيلي للسفينة بخيبة أمل كبيرة، خاصة أن الاستعدادات كانت على قدم وساق لاستقبال السفينة. ووصف وزير الصحة في حكومة غزة باسم نعيم، المنع الإسرائيلي بأنه جريمة ترتكب بحق 1.5 مليون فلسطيني. وأشار إلى أن المعونات الغذائية والدوائية التي تحملها السفينة، والتي تزيد عن ثلاثة آلاف طن، كانت كفيلة بتأمين المواد التموينية والدوائية لعدد كبير من فلسطيني القطاع[213].

سفينة "العيد": قررت هيئة كسر الحصار، وهي هيئة مكونة من جميع الأطر والأحزاب السياسية الناشطة في الأراضي الفلسطينية المحتلة عام 48، إطلاق سفينة العيد مقدمة من فلسطيني 48 إلى أشقائهم المحاصرين في غزة، حيث كان من المقرر أن تنطلق السفينة من ميناء يافا نحو غزة[214]. غير أن السلطات الإسرائيلية أغلقت في 2008/12/7 ميناء يافا لمنع سفينة العيد من الإبحار من الميناء باتجاه شواطئ غزة، وقامت بمصادرة حمولتها من مساعدات طبية وإغاثية وهدايا للأطفال بمناسبة العيد[215].

وإثر منع السفينة من الإبحار عقدت هيئة كسر الحصار مؤتمراً صحفياً في ميناء يافا، بمشاركة النواب العرب في الكنيست. تحدث فيه الصحفي اليهودي صاحب السفينة، الذي كشف عن أن الشرطة أجرت اتصالات عديدة معه لمنعه من إخراج الفعالية التضامنية إلى حيز التنفيذ، مشيراً إلى أنه فوجئ بقيام قوات الشرطة بمصادرة السفينة[216].

أما الشيخ رائد صلاح، رئيس الحركة الإسلامية في الـ 48، فقال: "لتعلم المؤسسة الإسرائيلية أنها إن نجحت بالتآمر على سفينة العيد بأساليبها الإرهابية القمعية فإنها لن تنجح بكسر نضالنا من أجل كسر الحصار وإنهائه.. وسنواصل جهودنا بشتى الوسائل

والأساليب من أجل إيصال المواد الغذائية إلى قطاع غزة وسنطلق السفن وغيرها من أجل إيصالها"[217].

وقال النائب جمال زحالقة، رئيس كتلة التجمع الوطني الديموقراطي:

إن من يسرق البسمة من الأطفال يوم العيد هو مجرم. حتى لو لم نستطع أن نصل بسفينتنا إلى غزة، فإننا قد ساهمنا [أسهمنا] في كسر مؤامرة الصمت الدولية والعربية على ما يجري في غزة، وأناشد العالم العربي وكل العالم بأن يرسل مئات السفن لغزة لكسر الحصار، نحن على اتصال مع الحملة الفلسطينية الدولية لفك الحصار، والتي أرسلت السفن من قبرص وسنتعاون معهم لإرسال السفن إلى القطاع[218].

وقال النائب أحمد الطيبي، رئيس الحركة العربية للتغيير: "إن تصرف الشرطة الإسرائيلية يؤكد انعدام الأخلاق والمبادئ الإنسانية الأبسط في تعامل الاحتلال مع الفلسطينيين العزل، وإن تصرف الشرطة ما هو إلا تصرف جبان يخاف من وصول أدويتنا إلى مستشفى الشفاء ولقائنا مع أهلنا في غزة"[219].

سفينة "الأخوة" اللبنانية: حالت القوات الإسرائيلية البحرية في 2009/2/2 دون وصول سفينة الأخوة اللبنانية إلى شواطئ غزة بهدف تقديم مساعدات من الشعب اللبناني للفلسطينيين في غزة. وداهمت القوات الإسرائيلية السفينة واعتدت على ركابها واعتقلتهم واقتادت السفينة إلى ميناء أسدود[220].

وأعلن وزير الدفاع الإسرائيلي إيهود باراك في 2009/2/5 أن زوارق البحرية اعترضت السفينة اللبنانية خلال محاولتها انتهاك الحظر البحري المفروض على مياه غزة. وفتح رجال البحرية الإسرائيلية النار على السفينة حيث صعد ثلاثة عناصر إلى متنها، ووجهوا أسلحتهم نحو الركاب، وقاموا بضربهم. لكن المتحدث باسم الجيش الإسرائيلي نفى إطلاق النار للسيطرة على السفينة، وقال إن غالبية الركاب وعددهم

20 شخصاً من جهات إعلامية. وأضاف أن السفينة دخلت المياه الإقليمية لغزة بطريقة مريبة، مما أثار شكوكاً في أنها ربما تهرب شيئاً ما أو تهدد الأمن الإسرائيلي[221].

وكانت السفينة تنقل نحو 50 طناً من المواد الطبية والأدوية والمواد الغذائية والملابس والألعاب ومواد التنظيف ووحدات دم وفرش مقدمة من هيئات وجمعيات أهلية فلسطينية ولبنانية[222]. وكان على متن السفينة ثمانية متضامنين، بينهم مطران القدس في المنفى هيلاريون كابوتشي، والشيخ داود مصطفى رئيس رابطة علماء فلسطين في لبنان، والشيخ صلاح الدين العلايلي، والناشطة الإيرلندية تيريزا ماكديرموت Teresa McDermott من حركة "غزّة حرة"، بالإضافة إلى بعض الإعلاميين[223].

وأفرجت سلطات الاحتلال الإسرائيلي عن سفينة الأخوة اللبنانية في 2009/2/5[224]، ووصل ثمانية لبنانيين كانوا على متنها، الأراضي اللبنانية عبر معبر الناقورة. أما المطران كابوتشي وخمسة من الناشطين الآخرين من الذين كانوا على متن السفينة، فقد وصلوا الأراضي السورية بعد أن تم نقلهم إلى الجولان، وكان في استقبالهم عدد من وزراء الحكومة السورية وقيادات من الفصائل الفلسطينية[225].

وأعلنت الحكومة الإسرائيلية، أن ما جرى لسفينة الأخوة هو النموذج الذي ستتعامل "إسرائيل" على أساسه، من الآن فصاعداً، مع كل سفينة تحاول كسر الحصار البحري على قطاع غزة[226].

احتج لبنان رسمياً لدى الأمم المتحدة على التعرض لسفينة الأخوة، وطلب من بعثته الدائمة تقديم شكوى عاجلة إلى مجلس الأمن ضد "إسرائيل"، وتحميلها كامل المسؤولية عن السفينة[227]. وأعرب رئيس الوزراء اللبناني فؤاد السنيورة عن استنكاره لما وصفه بالاعتداء السافر على السفينة، وقال إن "إسرائيل عودتنا على تجاهل كل المعايير القانونية والإنسانية"[228].

كما دانت الحكومة الفلسطينية في غزة "بشدة عملية القرصنة البحرية التي قامت بها قوات الاحتلال" ضد سفينة "الأخوة"، وقال الناطق باسم الحكومة طاهر النونو

إن "هذا التصرف العدواني الإسرائيلي تكريس لسياسة الحصار الظالم التي تمارسها قوات الاحتلال بحق شعبنا واعتداء صارخ على حرية الملاحة البحرية إلى القطاع وتندرج في إطار القرصنة"[229].

من جهته، اتهم يحيى القزاز، القيادي في حركة كفاية في مصر، الحكومة المصرية بأنها شاركت "إسرائيل" في ملاحقة سفينة "الأخوة" وهي في طريقها لقطاع غزة. وأكد أن ما حدث في المياه المصرية يؤكد أن هناك دوراً مصرياً في خطف السفينة من خلال السماح للإسرائيليين بأن يقوموا بالعملية بدون أي تدخل منهم بالرغم من أنها حسب تأكيدات طاقم السفينة تمت داخل الحدود البحرية المصرية[230]. بيد أن المتحدث باسم الخارجية المصرية حسام زكي، نفى أن تكون سفينة الأخوة قد اعترضتها البحرية الإسرائيلية من داخل المياه الإقليمية المصرية[231].

سفينة "روح الإنسانية": انطلقت من ميناء لارنكا القبرصي متجهة إلى غزة في 2009/6/29 بهدف المساعي المتواصلة لكسر الحصار. وتحمل السفينة ثلاثة أطنان من الأدوية، ومن بين ركاب السفينة النائبة بالكونغرس الأمريكي إنتيا ماك كيني Entea Mac Kenny، والحائزة على جائزة نوبل ماريد ماغواير ونشطاء آخرون من بريطانيا وإيرلندا والبحرين وجامايكا[232].

اعترضت زوارق حربية إسرائيلية السفينة في 30 من الشهر نفسه، واقتادتها إلى ميناء أسدود بعد اقتحامها وتفتيشها[233]، وأشار متحدث عسكري إسرائيلي إلى أن العملية تمت دون عنف[234].

"أسطول الحرية 1": هو تجمّع من ثماني سفن يقوده ائتلاف مكون من الحملة الأوروبية وحركة غزة الحرة والإغاثة الإنسانية في تركيا، إضافة إلى حملتين يونانية وسويدية.

مثل الأسطول أملاً لاختراق الحصار الجائر المفروض من قبل "إسرائيل" على قطاع غزة، غير أن الاحتلال قضى على ذلك الحلم بإراقة الدماء. وتوعدت "إسرائيل"

منذ البداية بصد الأسطول عن الوصول إلى هدفه قبل أن تقترف مجزرتها بحقه فجر يوم الإثنين 2010/5/31 في المياه الدولية، وهي عملية وصفها قانونيون دوليون بأنها قرصنة بحرية تستوجب العقاب.

حمل الأسطول أكثر من 700 متضامن من 36 دولة، بينهم 44 شخصية رسمية وبرلمانية وسياسية أوروبية وعربية، ومن ضمنهم عشرة نواب جزائريين. وحمل نحو عشرة آلاف طن من المساعدات الإنسانية، منها ستة آلاف طن من الحديد، وألفا طن من الإسمنت، إضافة إلى مولدات كهربائية وأجهزة طبية وأدوية وكمية من المعونات الغذائية[235].

انطلقت ثلاث من سفن الأسطول في 2010/5/28 من ميناء أنطاليا التركي على أمل أن تلحق بها سفن أخرى قادمة من اليونان وإيرلندا والجزائر، غير أن سفينتين من الأسطول تعطلتا لأسباب فنية. ومنعت السلطات القبرصية سفينة يونانية من الوصول إلى السواحل القبرصية لاصطحاب 12 برلمانياً أوروبياً وثلاث شخصيات عامة بينها الكاتب العالمي السويدي مايكل هانن Michael Hannen كان مقرراً أن يكونوا ضمن القافلة[236].

قامت القوات الخاصة التابعة للبحرية الإسرائيلية في 2010/5/31 باعتراض سفن قافلة "أسطول الحرية 1"، وتمكنت من السيطرة عليها بعد استشهاد تسعة أتراك وإصابة عشرات المتضامنين[237].

أدان رئيس السلطة الفلسطينية محمود عباس العدوان الإسرائيلي على "أسطول الحرية 1"، وأعلن الحداد العام، وتنكيس الأعلام على ضحايا الهجوم الإسرائيلي، واستنكاراً لهذه الجريمة[238]. كما أدان أحمد بحر، النائب الأول لرئيس المجلس التشريعي الفلسطيني، الجريمة الإسرائيلية، مؤكداً أن ذلك يعتبر قرصنة خطيرة تخالف منطوق القوانين الدولية والإنسانية[239].

وطالب إسماعيل هنية، رئيس الوزراء الفلسطيني في غزة، دول حوض المتوسط إلى اتخاذ خطوات لوقف القرصنة الإسرائيلية، مطالباً تقديم قادة الاحتلال إلى المحاكم الدولية "باعتبارهم مجرمي حرب". وشدَّد على ضرورة تطبيق جامعة الدول العربية القرارات التي صدرت من أجل إنهاء حصار قطاع غزة. ودعا هنية الأمم المتحدة وروسيا إلى الانسحاب من اللجنة الرباعية الدولية، التي قال إنها وافقت على حصار غزة، كما دعا السلطة الفلسطينية إلى وقف المفاوضات المباشرة وغير المباشرة مع "إسرائيل" كرد على هذه "المجزرة السياسية والإنسانية"[240].

وأكد سلام فياض، رئيس الوزراء الفلسطيني في رام الله، أن مجزرة أسطول الحرية أبرزت مدى الحاجة كي يتحمل المجتمع الدولي مسؤولياته الكاملة السياسية والقانونية والأخلاقية، ويضع حداً لسياسة "إسرائيل" العدوانية، ولاستهتارها بقواعد القانون الدولي وقرارات الشرعية الدولية، فيما يتعلق بالحصار الظالم على قطاع غزة[241].

ومن جهته، أكد النائب في التشريعي الفلسطيني جمال الخضري، رئيس اللجنة الشعبية لمواجهة الحصار، أن أسطول الحرية وصل إلى كل شبر في قطاع غزة رغم عدم قدرته الوصول، وأوصل رسالته للعالم أجمع الذي يتحدث الآن بكل قوة عن ضرورة رفع الحصار[242].

كما حمَّلت حركة حماس الاحتلال الإسرائيلي كامل المسؤولية عن العدوان الوحشي على سفن "الحرية"، وعدَّت هذا العدوان جريمة جديدة ضد الإنسانية، وضد الشعب الفلسطيني الأعزل، وقرصنة بحرية أمام سمع العالم وبصره، وإصراراً على مواصلة الحصار الجائر بحق أهل قطاع غزة[243].

وأدانت حركة فتح الجريمة بحق "أسطول الحرية 1"، وطالب أحمد عساف، المتحدث باسم الحركة، الأمم المتحدة والمجتمع الدولي وضع حد لـ"إسرائيل" التي تتصرف كدولة فوق القانون، حيث ارتكبت جريمة بحق رعايا أكثر من أربعين دولة ضاربة عرض الحائط بكل القوانين والأعراف الدولية[244].

وذكر خالد البطش، القيادي في حركة الجهاد الإسلامي، أن "رسالة السفن البحرية وصلت، إذ تمكنت من خلق حال من الاشتباك مع إسرائيل، وحاصرتها عن بعد"، ورأى في محاولة "إسرائيل" منع هذه السفن "مواصلة إخضاع الشعب الفلسطيني، وإجبار حركة حماس على القبول بشروط اللجنة الرباعية الدولية، وتنحي المقاومة عن التصدي للاحتلال"[245].

وأدانت الجبهة الديموقراطية لتحرير فلسطين الاعتداء الإسرائيلي، وذكرت أن هذا الاعتداء يمثل عربدة إسرائيلية يضع المجتمع الدولي أمام اختبار حقيقي في اتخاذ موقف حازم أمام الجرائم الإسرائيلية، ليس فقط ضد الشعب الفلسطيني، بل بتجاوزها الحدود ضد المتضامنين مع الفلسطينيين[246].

كما دعا جميل مزهر، عضو اللجنة المركزية للجبهة الشعبية لتحرير فلسطين، شعوب العالم إلى التظاهر أمام السفارات الإسرائيلية ومحاصرتها واحتلالها، رداً على الاعتداء، وحثّ الدول العربية، على اتخاذ خطوات جدّية "لقطع العلاقة مع الدولة العبرية، وإغلاق السفارات وطرد السفير الإسرائيلي، والعمل الجدي والفاعل من أجل فك الحصار وصدّ العدوان عن الشعب الفلسطيني في قطاع غزة"[247].

ووصف أكمل الدين إحسان أوغلو، الأمين العام لمنظمة المؤتمر الإسلامي، العدوان الإسرائيلي على "أسطول الحرية 1" بأنه يمثل سياسة قرصنة وإجرام وإرهاب دولة منظم. كما ذكّر أوغلو بالقرارات التي اتخذت على مستوى اللجنة التنفيذية والقاضية بكسر الحصار عن قطاع غزة، سواء ذلك المتخذ في اجتماع اللجنة التنفيذية في 2006/11/18، أم القرار المتخذ في الاجتماع الاستثنائي في 2008/2/3، والقاضي بحشد الدعم اللازم لتوفير الاحتياجات الإنسانية الضرورية لأبناء الشعب الفلسطيني في قطاع غزة، واعتبر بأن اللحظة مواتية، لتنفيذ هذه القرارات، ولاتخاذ قرارات وتدابير جديدة لوقف المأساة الإنسانية، ووضع حد للاستهتار الإسرائيلي بالقوانين الدولية والاستخفاف بالأمة الإسلامية[248].

كما قررت مصر في 2010/6/2، وبشكل مفاجئ، فتح معبر رفح في كلا الاتجاهين دون أن تحدد مدة زمنية لإغلاقه[249]. وذكر حسام زكي، المتحدث الرسمي باسم وزارة الخارجية المصرية، بأنه تم التأكيد للسفير الإسرائيلي رفض مصر الكامل لاستمرار الحصار الحالي على قطاع غزة، ومطالبتها برفع هذا الحصار بشكل فوري وكامل[250].

ومن جهتها، دعت جماعة الإخوان المسلمين إلى إلغاء مبادرة السلام العربية، مطالبة الشعوب العربية بـ"الاستمرار في إعلان غضبها، وإدانتها للعدوان الإسرائيلي البربري على قافلة الحرية وللصمت الدولي والرسمي إزاء تلك الجريمة البشعة حتى يتم كسر الحصار الظالم على شعب غزة والممارسات القمعية ضد الشعب الفلسطيني". وقالت الجماعة: "إن مصر اليوم مطالبة بإثبات براءتها من جريمة الحصار الظالم؛ وذلك بالفتح الدائم والطبيعي والفوري لمعبر رفح للأفراد والبضائع، والسماح بمرور كافة قوافل الإغاثة الإنسانية لإعادة إعمار قطاع غزة بالجهود الشعبية"[251].

وأكد الشيخ عبدالله بن زايد آل نهيان وزير الخارجية الإماراتي أن دولة الإمارات تدين بشدة الاعتداء الإجرامي وغير الإنساني الذي ارتكبته "إسرائيل" ضد قافلة الإغاثة الإنسانية وتناشد المجتمع الدولي بأن يتحمل مسؤولياته في وجه العدوان الإسرائيلي البربري[252].

كما ندد رئيس الوزراء الروسي فلاديمير بوتين بهجوم الجيش الإسرائيلي على سفن المساعدات لغزة، وقال إن بلاده تنوي إحالة مسألة التحقيق في الهجوم الإسرائيلي الدامي على "أسطول الحرية" على الأمم المتحدة[253].

فجّر الاعتداء الإسرائيلي أزمة حادة في العلاقات بين تركيا و"إسرائيل"، حيث بادرت تركيا إلى سحب سفيرها من "إسرائيل"، كما استدعت خارجيتها السفير الإسرائيلي للاحتجاج على الاعتداء، وعلقت الرحلات السياحية البحرية مع "إسرائيل"، ودعت إلى اجتماع عاجل لمجلس الأمن[254].

وأعلن نائب رئيس الحكومة التركية بولنت أرينك Bülent Arinc أن بلاده قررت إلغاء ثلاث مناورات عسكرية مع "إسرائيل"، وادان الرئيس التركي عبد الله غول Abdullah Gul الهجوم، الذي عدّه خرقاً للقوانين الدولية[255]. ووجه رئيس الحكومة رجب طيب أردوغان انتقادات شديدة اللهجة إلى "إسرائيل"، حيث وصف حكومتها بأنها وقحة، وتشكل دملاً مفتوحاً في طريق السلام الإقليمي، داعياً إلى معاقبتها على "المجزرة الدموية" التي ارتكبتها، وعدّ الاعتداء هجوماً "دنيئاً"، وجّه واحدة من أثقل الصفعات لضمير الإنسانية، وحذر "إسرائيل" من اختبار صبر أنقرة، مؤكداً أنه "بقدر ما تكون صداقة تركيا قوية فإن عداوتها أقوى"، وطالبها برفع فوري للحصار المفروض على قطاع غزة، الذي تعهد بالاستمرار في دعمه[256].

ومن الجانب الإسرائيلي رفض رئيس الوزراء الإسرائيلي بنيامين نتنياهو Benjamin Netanyahu، اقتراحاً للأمين العام للأمم المتحدة، بان كي مون تشكيل لجنة تحقيق دولية في مجزرة "أسطول الحرية 1"، وزعم أن "إسرائيل" تسعى إلى تحقيق موضوعي، مجدداً إلصاق مزاعم الإرهاب بناشطي "أسطول الحرية 1"[257].

وبالمقابل، أكد وزير الخارجية التركي أحمد داوود أوغلو، أن علاقة أنقرة مع تل أبيب مرهونة بقبولها مقترح منظمة المؤتمر الإسلامي بتشكيل لجنة تحقيق دولية بالتعاون مع هيئة الأمم المتحدة. وتوقع أوغلو أن تقبل "إسرائيل" بهذه اللجنة، وأشار إلى أن "أي خطوة غير مشجعة من قبل إسرائيل تجاه هذه اللجنة ستواجه بخيارات تركية متاحة أولها سحب السفير التركي من إسرائيل[258].

وبالمقابل رفضت تركيا لجنة تيركل Commission Turkel، التي شكلتها "إسرائيل" لتقصي الحقائق بشأن الاعتداء الإسرائيلي على "أسطول الحرية 1"، مؤكدة أنها لا تثق بنزاهتها[259].

وعلى الرغم من إعلان وزير الدفاع الوطني التركي، محمد وجدي غونول Mohammad Wajdi Ghonol (Vecdi Gönül)، في 2010/6/6 أن تركيا لن

توقف التعاون في مجال الدفاع مع "إسرائيل"[260]، ساءت العلاقات التركية الإسرائيلية أكثر حين قرر سلاح الجو التركي في 14 من الشهر نفسه إلغاء صفقة مع الصناعات الجوية الإسرائيلية وشركة إيلبيت سيستمز Elbit Systems لشراء طائرات بدون طيار قيمتها 180 مليون دولار[261]. وجمدت تركيا 16 اتفاقاً مع الحكومة الإسرائيلية[262]. كما رفضت السلطات التركية في 2010/6/27 السماح لطائرة نقل تابعة للجيش الإسرائيلي من العبور فوق أراضيها، مما اضطر الطائرة لتغيير مسارها الجوي[263].

وأكد أردوغان، خلال لقاء صحافي في أعقاب قمة مجموعة العشرين في تورنتو الإيطالية، المطالب التركية وهي: الاعتذار وتشكيل لجنة تحقيق دولية والتعويض على الأضرار، وأخيراً الرفع الكامل للحظر المفروض على القطاع[264].

إلا أن "إسرائيل" رفضت تقديم أي اعتذار لتركيا، حيث أكد نتنياهو أن بلاده لا يمكنها الاعتذار لأن جنودها اضطروا للدفاع عن أنفسهم، للإفلات من عملية ضرب حتى الموت. كما رأى وزير الخارجية الإسرائيلي أفيجدور ليبرمان Avigdor Lieberman أن "مكانة إسرائيل الدولية ستتضرر إلى حد كبير في حال قدمت اعتذاراً لتركيا على خلفية أحداث قافلة السفن، أو صرفت تعويضات للمصابين في هذه الأحداث"[265].

وفي 2010/7/1 عقد لقاء مفاجئ بين أحمد داود أوغلو، وزير الخارجية التركي، و بنيامين بن إليعازر، وزير الصناعة والتجارة الإسرائيلي، في بروكسل، وأشار أوغلو إلى أن "الجانب الإسرائيلي هو من طلب إجراء اللقاء". وأكد المتحدث باسم الخارجية التركية براق اوزوغرغين Burak Özügergin أن الوزيرين ناقشا الوضع الحالي للعلاقات التركية – الإسرائيلية. ووفقاً لمعلومات جريدة حُريت Hürriyet التركية، استناداً لمصادر في الخارجية التركية، فإن الوزير التركي جدد أمام مقابله الإسرائيلي مطالب أنقرة في الاعتذار عن الاعتداء البحري والتعويض وتشكيل لجنة تحقيق دولية مستقلة، ورفع الحصار عن غزة[266].

وقال أوغلو إن "إسرائيل" تعرف العقوبات التي ستتعرض لها من جانب تركيا ما لم تنفذ المطالب التركية حتى تتجنب قطع العلاقات معها، مضيفاً "إذا لم تكن الحكومة

الإسرائيلية ترغب في تشكيل لجنة تحقيق دولية، فعليها أن تعترف بهذه الجريمة وأن تعتذر وأن تدفع تعويضات". وأكد أوغلو أنه بدون تنفيذ أي من هذين الشرطين لا يمكن عودة العلاقات الدبلوماسية التركية – الإسرائيلية إلى مجراها السابق، وأوضح أن تركيا تملك حق فرض عقوبات على "إسرائيل" من جانب واحد، وأن "إسرائيل" تعلم جيداً تلك العقوبات[267].

وفي 2010/7/5 قررت وزارة الدفاع التركية عدم المشاركة في مناورات "عروس البحر" الخاصة بعمليات الإغاثة والإنقاذ البحري التي تجرى في البحر الأبيض المتوسط في شهر آب/ أغسطس من كل سنة مع قطع بحرية أمريكية وإسرائيلية[268].

وفي 2010/7/24 عين مجلس حقوق الإنسان التابع للأمم المتحدة لجنة خبراء للتحقيق وتقصي الحقائق في دعاوى انتهاكات القانون الدولي في الهجوم الإسرائيلي على "أسطول الحرية 1". غير أن "إسرائيل" رفضت التعاون مع اللجنة. وقال عوفير جندلمان Ofir Gendelman المتحدث باسم الحكومة الإسرائيلية إن بلاده لا ترى مصداقية للمجلس من الأساس، وأوضح أن "إسرائيل" شكلت لجنتي تحقيق حكومية وعسكرية و"لا داعي لوجود لجنة تحقيق ثالثة"[269]. وجاء في بيان صادر عن مكتب نتنياهو، في 2010/8/3 أن الحكومة الإسرائيلية ستكون على استعداد لأن تنقل إلى لجنة التحقيق الدولية كافة التقارير التي أعدتها، أو تلك التي أعدتها لجنة الفحص الإسرائيلي، إلا أنها لن تسمح بعرض أي من الجنود والضباط للتحقيق أمام اللجنة[270].

وفي 2010/8/9 أدلى نتنياهو، بشهادته أمام لجنة تيركل، وقال إن "وزير الدفاع (باراك) هو العنوان الوحيد في هذا الموضوع"، وإن الجيش الإسرائيلي هو الذي قرر شكل مواجهة الأسطول والسيطرة على سفنه[271]. كما أخذ باراك خلال أفادته أمام اللجنة على عاتقه كامل المسؤولية عن أحداث "أسطول الحرية 1"[272]. أما رئيس هيئة أركان الجيش الإسرائيلي الجنرال غابي أشكنازي Gabi Ashkenazi فقال لدى إدلائه بإفادته أمام اللجنة إنه يتحمل شخصياً المسؤولية عن كل العمليات التي ينفذها الجيش

الإسرائيلي، معتبراً عملية اعتراض "أسطول الحرية 1" عملية "صحيحة ومتناسبة وأخلاقية"[273].

وبعد اعترافات القيادة الإسرائيلية أمام اللجنة قال الناطق باسم الأمانة العامة للأمم المتحدة مارتن نسيركي Martin Nsirci إن اللجنة "لا تنوي تحديد المسؤولية الجنائية لأفراد معينين". فيما بدا أنه تراجع جديد لصالح عدم توجيه اتهامات أو تحديد مسؤوليات جنائية لأية إسرائيليين، وقال إن "المهمة الأساسية هي مراجعة التحقيقات التي تجريها السلطات الإسرائيلية والتركية، وإصدار توصيات بشان كيفية تجنب مثل هذه الحوادث في المستقبل"[274].

وبقيت تركيا مصرة على أن تقدم "إسرائيل" اعتذاراً، ففي 2011/7/8 قال رجب طيب أردوغان إنه "لا يمكن التفكير" في تطبيع العلاقات مع "إسرائيل" ما لم تعتذر عن قتل قواتها تسعة نشطاء أتراك... وإن رفع الحصار عن غزة وسداد تعويضات لضحايا الهجوم من شروط تطبيع العلاقات[275].

بيد أن وزير الدفاع الإسرائيلي إيهود باراك رفض دعوة أردوغان إلى تل أبيب لتقديم اعتذار، وقال: إن "إسرائيل لم ترتكب أي جريمة... في رأيي، لجنة بالمر ستقول إن إسرائيل تصرفت وفقاً للقانون الدولي. الحصار قانوني... وقف السفن قانوني... واستخدام القوة في تلك الظروف مبرر"[276]. ورأي وزير الخارجية الإسرائيلي، أفيجدور ليبرمان في تصريحات أردوغان أنه يريد إذلال "إسرائيل" ولا يرغب بتطبيع العلاقات معها[277].

سفينة "الأمل" الليبية: لم تكن محاولة "أسطول الحرية 1" لكسر حصار غزة هي الأخيرة على الرغم من القسوة الإسرائيلية، والتصعيد غير المعهود في قمع السفن المبحرة إلى غزة، ففي 2010/7/11 أبحرت سفينة الأمل الليبية من اليونان باتجاه قطاع غزة المحاصر، في رحلة سيرتها مؤسسة القذافي العالمية للجمعيات الخيرية والتنمية، تحمل نحو ألفي طن من المساعدات. رفضت "إسرائيل" دخول السفينة إلى ميناء

غزة، وأوصت وزارة الخارجية الإسرائيلية الجيش الإسرائيلي بعدم اعتراض السفينة في خارج حدود المياه الإقليمية الإسرائيلية أو الفلسطينية أو بقربها[278]. وبعد وساطة أكثر من وسيط أوروبي وافقت الحكومة الإسرائيلية على دخول كامل شحنة السفينة إلى قطاع غزة، بما فيها الأسمنت والحديد في مقابل أن تحول السفينة مسارها إلى ميناء العريش المصري، ورست السفينة في ميناء العريش في 2010/7/14[279]، بعد أن طوقتها البوارج الإسرائيلية لمنعها من الوصول إلى غزة[280].

وفي 2010/7/16 ذكرت الإذاعة العبرية الرسمية أن وزير الخارجية أفيجدور ليبرمان هاتف رئيس الاستخبارات العامة المصرية عمر سليمان وشكره على التعاون في تسوية أزمة السفينة الليبية[281]. كما رأى نائب وزير الخارجية الإسرائيلي داني أيالون أن "إسرائيل" سجلت انتصاراً في مواجهة السفينة الليبية "الأمل"، وشدد على أن لمصر و"إسرائيل" مصلحة مشتركة بمنع تسلح حركة حماس[282].

وأكد رئيس الوزراء في غزة إسماعيل هنية، أن سفينة الأمل نجحت في مهمتها وإيصال رسالتها، معرباً عن أمله في أن تستمر الجهود العربية والإسلامية والدولية لرفع حصار غزة بشكل شامل[283].

وعدّت حركة حماس اعتراض البحرية الإسرائيلية لـ"سفينة الأمل"، ومنعها من الوصول إلى قطاع غزة قرصنة بحرية ضد متضامنين عزل، في ظل استمرار صمت العالم الدولي الذي يتحمل جزءاً من المسؤولية[284].

وعلى إثر منع السفينة من دخول غزة شارك العشرات في مسيرة قوارب من ميناء غزة إلى عمق عدة كيلومترات بحرية تضامناً مع السفينة الليبية. ودعا النائب جمال الخضري، رئيس اللجنة الشعبية لمواجهة الحصار، إلى تشكيل شبكة أمان وحماية دولية للسفينة لضمان وصولها إلى غزة[285].

ووصلت سفينة الأمل إلى ميناء العريش في 15 تموز/ يوليو، وبدأت في إدخال مساعداتها إلى القطاع في 18 تموز/ يوليو، واستمر إدخال المساعدات ثلاثة أيام[286].

سفينة "روح راشيل كوري" "Spirit Of Rachel Corrie" الماليزية: كررت المحاولة بعد سفينة الأمل سفينة "روح راشيل كوري" الماليزية، التي نظمتها مؤسسة بيردانا للسلام العالمي The Perdana Global Peace Foundation الماليزية، والتي انطلقت على متن السفينة أم في فينش MV FINCH من ميناء بيرايوس Piraeus اليوناني في 2011/5/11، ومنعتها القوات البحرية الإسرائيلية في 2011/5/16 من الدخول إلى قطاع غزة، وقامت بإطلاق طلقات نارية تحذيرية باتجاه السفينة التي وصلت إلى عرض بحر مدينة رفح جنوب القطاع مما أرغمها على تحويل مسارها إلى المياه الإقليمية المصرية. وأعلن مستأجر السفينة أن السفينة التي كان على متنها 12 متضامناً: سبعة ماليزيين، وإيرلنديان، وهنديان، وكندي واحد؛ وكانت تحمل تمديدات صرف صحي ومواد بناء إلى قطاع غزة، اضطرت إلى إلقاء مرساتها في المياه المصرية على بعد 30 ميلاً بحرياً من غزة[287].

وعقب منع السفينة من دخول غزة اضطر المتضامنون الذين كانوا على متنها إلى العودة إلى بلدانهم[288]. وفي 2011/7/5 أعلن عمرو هدهود، مندوب السلطة الفلسطينية بمعبر العوجة بالجانب المصري، أن السلطات المصرية نجحت في إنهاء أزمة سفينة المساعدات الماليزية التي تنتظر بميناء العريش منذ شهرين. وأوضح أن المساعدات عبارة عن 32 طناً من المواسير المعدنية المخصصة لإنشاء أول مشروع صرف صحي بقطاع غزة بطول سبعة ونصف كيلومتر وبدأت السلطات المصرية في سحب سفينة المساعدات الماليزية إلى رصيف ميناء العريش للبدء في تفريغ حمولتها[289].

"أسطول الحرية 2": فتحت "الحملة الأوروبية لرفع الحصار عن غزة"، إحدى الجهات المؤسسة لائتلاف أسطول الحرية في 2010/6/2، باب التبرع للمشاركة في "أسطول الحرية 2". وأعلنت أن "أسطول الحرية 2" سينطلق أواخر أيلول/ سبتمبر 2010. وجاوز عدد الذين طالبوا بالمشاركة في الأسطول حتى 2010/7/19 تسعة آلاف متضامن، وأضافت أن أكثر من خمسة وثلاثين جهة إعلامية تقدمت بطلبات للمشاركة في "أسطول الحرية 2".

وذكر بولنت يلديريم Bulent Yildirim، رئيس الجمعية الإسلامية الخيرية "اي اتش اتش" التركية، أن السفن التي استأجرتها 22 منظمة غير حكومية ستحمل 1,500 ناشط من أكثر من مائة بلد[290].

من جهته، أمر رئيس الوزراء الإسرائيلي بنيامين نتنياهو وزارة الخارجية في 2011/4/27 بمواصلة الجهود الدبلوماسية لمنع وصول قوافل كسر الحصار البحري إلى قطاع غزة، كما أوعز للبحرية وللجهات الأمنية بمواصلة القيام بالاستعدادات المطلوبة لضمان فرض الطوق البحري على قطاع غزة.

وحذر أحمد داوود أوغلو وزير الخارجية التركي، "إسرائيل" من مغبة قيامها بمنع "أسطول الحرية 2" متوعداً بالرد على أي عمل استفزازي[291]. كما طالبت "الحملة الأوروبية لرفع الحصار عن غزة في بيان في 2011/5/22 المجتمع الدولي بتوفير الحماية لـ"أسطول الحرية 2"[292]. وانتقدت الحملة دعوة الأمين العام للأمم المتحدة بان كي مون لمنع الأسطول من الإبحار[293].

ولم يكن موقف الأمم المتحدة المطالب الوحيد بمنع "أسطول الحرية 2" من الإبحار، فقد حذر وزير الخارجية الكندي جون بيرد John Baird في 2011/5/30 من أي مشاركة كندية في الأسطول[294].

وقال ائتلاف يضم منظمات غير حكومية كندية تحضر للمشاركة بـ"سفينة كندية من أجل غزة" في "أسطول الحرية 2" رداً على تصريحات بيرد: "إنه يحاول التخلي عن واجبات الحكومة الكندية في تأمين الحماية لجميع الكنديين الذين سيكونون على متن الأسطول.. ويحاول أن يبرر مسبقاً أي جريمة قد تقدم عليها إسرائيل ضد أبرياء مسالمين وعزل من العالم أجمع، تماماً كما فعلت قبل عام"، في إشارة إلى مجزرة "أسطول الحرية 1"، كما ندد الائتلاف بالمعلومات "المضللة" التي تروجها الحكومة الكندية[295].

وفي 2011/6/22 شدد بيان لوزارة الخارجية الأمريكية على التحذير من أي محاولة للوصول إلى غزة بما في ذلك عن طريق البحر. وأوضح أنه في حال حصول أي مشكلة فإن الحماية القنصلية "ستكون محدودة جداً" في قطاع غزة، وقال: إنه "يتوجب على جميع المواطنين الأمريكيين الذين سيحاولون الوصول إلى غزة أن يعرفوا أنهم يعرضون أنفسهم للاعتقال والملاحقة والطرد"[296].

كما قررت عضوتان في حزب اليسار الألماني عدم المشاركة في "أسطول الحرية 2"، وذلك في أعقاب قرار للحزب برفض المشاركة في الأسطول بعد اتهامات وجهتها "إسرائيل" لعدد من أعضاء الحزب بـ"معاداة السامية"[297].

ورأت إيطاليا، على لسان الناطق باسم خارجيتها ماوريتسيو ماساري Maurizio Massari، أن من شأن تسيير "أسطول الحرية 2" الإضرار باستئناف عملية السلام، وهي الأولوية الملحة بالنسبة للمجتمع الدولي"[298]. ووصف الناطق باسم وزارة الخارجية الفرنسية برنار فاليرو Bernard Valero "أسطول الحرية 2" بأنه فكرة سيئة، ولكنه أكد على أنه "ليس من حقنا منع أي سفينة من الإبحار لكننا عبرنا عن عدم ترحيبنا بالفكرة ودعينا مواطنينا إلى عدم المشاركة"[299].

في ظل هذه المواقف الدولية المعارضة لـ"أسطول الحرية 2" تلقى الجيش الإسرائيلي تعليمات صارمة بعدم السماح لأي قافلة بحرية من خرق الطوق البحري المفروض على قطاع غزة، وقال الناطق باسم الجيش الإسرائيلي يوئاف مردخاي Yoav Mordechai إن جيشه "استخلص العبر من تجربة اعتراض قافلة السفن الأولى". وأعرب عن أمله ألا تكون ثمة حاجة لـ"ممارسة القوة". بيد أن القائمين على أسطول الحرية أكدوا بعد تصريح مردخاي أنهم "لا يأبهون للتهديدات التي تطلقها تل أبيب"، وأن الأسطول "سينطلق في موعده، ولن تثنيه التهديدات المتكررة من تحقيق أهدافه"[300].

وفي 2011/6/17 أعلن الناطق باسم منظمي "أسطول الحرية 2" في اسطنبول أن سفينة "مافي مرمرة" التركية، التي هاجمتها "إسرائيل" في "أسطول الحرية 1" لن

تشارك في "أسطول الحرية 2". ولم يستبعد بولنت يلديريم، رئيس الجمعية الإسلامية الخيرية "اي اتش اتش" التركية المالكة للسفينة، مشاركتها في أسطول ثالث، مؤكداً أن غيابها "لا علاقة له بالحكومة وناجم عن مشاكل تقنية فقط"[301].

وفي 2011/6/25 أعلنت "الحملة الأوروبية لرفع الحصار عن غزة" عن انطلاق أولى سفن "أسطول الحرية 2"، من أحد الموانئ الفرنسية[302]. وفي 2011/6/30 كشف رامي عبده، عضو "الحملة الأوروبية لرفع الحصار عن غزة" أن الموساد الإسرائيلي أقدم، على تنفيذ ثلاث محاولات لتخريب بعض السفن المشاركة في الأسطول[303].

وجددت "إسرائيل" وعيدها، وقال وزير جيشها إيهود باراك: "إنني أصدرت أوامر إلى القوات البحرية الإسرائيلية بوقف قافلة أسطول الحرية 2 باستخدام العنف والقوة إذا اقتضى الأمر"[304].

ومع انتظار غزة انطلاق سفن "أسطول الحرية 2" من اليونان، تحوّلت الحكومة اليونانية، إلى أداة في يد الاحتلال الإسرائيلي لمواصلة فرض الحصار على غزة بمنعها لأسطول من مغادرة مرافئها، مستجيبة بذلك للضغوط التي مارستها الحكومة لإسرائيلية، التي خص رئيسها بنيامين نتنياهو نظيره اليوناني جورج باباندريو George Papandreou بالشكر على جهوده لمنع وصول المساعدات الإنسانية إلى قطاع غزة. فقد أعلنت وزارة الدفاع المدني اليونانية، في بيان لها في 2011/7/1، نها منعت "السفن التي ترفع علماً يونانياً أو أجنبياً من الإبحار من المرافئ اليونانية إلى غزة". وتنفيذاً لهذا القرار، اعترضت قوات خفر السواحل اليونانية سفينة أمريكية عيد إبحارها من مرفأ بيرايوس قرب أثينا. وكانت السفينة "جرأة الأمل"، التي تقل حو 40 ناشطاً، قد وصلت إلى مسافة ميلين قبالة السواحل اليونانية، حين أوقفتها سفينة تابعة لقوات خفر السواحل، التي أمرت قبطان القارب بالعودة.

كذلك، أعلنت "الحملة الأوروبية لرفع الحصار عن غزة" أن قوات خفر السواحل اليونانية اقتحمت في 2011/6/30، قارباً كندياً يحمل اسم "التحرير"، وذلك في

محاولة لمنعه من الإبحار نحو قطاع غزة، حيث صادرت منه كل الأوراق الرسمية الأصلية المتعلقة بتحرك الأسطول[305].

وفي 2011/7/3 كشف وزير الخارجية الإسرائيلي أفيجدور ليبرمان، أن "إسرائيل" تقف خلف قرار اليونان بحظر إبحار "أسطول الحرية 2" إلى قطاع غزة[306].

وفي ظل منع "أسطول الحرية 2" من الإبحار ذكر بيان للأمم المتحدة أن أمينها العام بان كي مون تحدث هاتفياً مع وزير الخارجية اليوناني ستافروس لامبرينديس Stavros Lambrinidis أيد خلاله مبادرة اليونان نقل المساعدات الإنسانية إلى غزة من خلال قنوات عادية موجودة بالفعل[307].

وغادر اليونان، في ظل منع السفن من الإبحار، قرابة نصف الناشطين، البالغ عددهم 300 من 22 بلداً، الذين قدموا للمشاركة في الأسطول[308].

وشكر الرئيس الإسرائيلي شمعون بيريز Shimon Peres نظيره اليوناني كارلوس بابولياس Karolos Papoulias بسبب منع أثينا الأسطول من الذهاب إلى قطاع غزة[309].

وأثار استقبال الرئيس الفلسطيني محمود عباس الحافل لنظيره اليوناني كارلوس بابولياس في 2011/7/12، بعد أيام من منع أثينا "أسطول الحرية 2" من مغادرة موانئها لقطاع غزة، جدلاً كبيراً في الشارع الفلسطيني الذي بدا معارضاً لهذه الزيارة[310]. فقالت حركة حماس: "في الوقت الذي ضجّ الشعب الفلسطيني غضباً بموقف اليونان الرسمي... يفاجئنا محمود عباس باستقبال الرئيس اليوناني كارلوس بابولياس في رام الله رغم رفض الشعب الفلسطيني لهذه الخطوة التي لا تنسجم ومشاعره"[311].

ورفضت حركة الأحرار استقبال الرئيس عباس لنظيره اليوناني في رام الله، متهمة اليونان بأنها "مارست دوراً متواطئاً مع الكيان الإسرائيلي المحاصر لقطاع غزة"، مؤكدة أن "الرئيس اليوناني غير مرحب به في فلسطين". واعتبرت حركة المقاومة

الشعبية زيارة الرئيس اليوناني إلى الأراضي الفلسطينية "إهانة لشعبنا الفلسطيني ولمعاناة أهلنا المحاصرين في قطاع غزة"[312].

وفي 2011/7/17 قال بيان صادر من حركة "غزة الحرة"، أحد المنظمين لـ"أسطول الحرية 2" إن سفينة الكرامة الفرنسية أبحرت من جزيرة كاستيلوريزو Kastelorizo اليونانية. وتحمل 10 نشطاء وثلاثة صحفيين وثلاثة من أفراد الطاقم، بينهم ستة نشطاء فرنسيين وتونسي ويوناني وسويدي وكندي. أما الصحفيون فهم أميرة هاس Amira Hass من صحيفة هآرتس الإسرائيلية، وصحفي ومصور من قناة الجزيرة الفضائية[313].

وفي 2011/7/19 استولى جنود من سلاح البحرية الإسرائيلية على سفينة "الكرامة"، عند اقترابها مسافة 50 ميلاً بحرياً من سواحل غزة، وأجبروها على تغيير وجهتها، والرسو في ميناء أسدود[314].

أثارات القرصنة الإسرائيلية على سفينة "الكرامة" الفرنسية ردة فعل غاضبة فلسطينية وعربية، فقد استنكرت الحكومة في غزة قرصنة الاحتلال بشكل يمثل انتهاكاً للقانون الدولي، واستخفافًا بكل القيم الإنسانية[315]. ووصف أحمد بحر، النائب الأول لرئيس المجلس التشريعي، الحادثة بأنها "قرصنة بحرية وتصرفات رعناء تخالف أبسط قواعد القانون الدولي والإنساني والأعراف المعمول بها دولياً والمتعارف عليها عالمياً"[316]. وأدانت حركة فتح على لسان المتحدث باسمها أحمد عساف استيلاء قوات الاحتلال الإسرائيلي على سفينة "الكرامة"[317]. وعدّت حركة حماس احتجاز سفينة "الكرامة" الفرنسية جريمة وقرصنة دولية وتعديّاً فاضحاً على لقوانين والأعراف الدولية[318].

كما أدان الأمين العام لجامعة الدول العربية نبيل العربي، عملية القرصنة الإسرائيلية على سفينة "الكرامة"، مطالباً المجتمع الدولي ومجلس الأمن باتخاذ موقف حازم من عملية القرصنة الإسرائيلية، وعبر عن تضامن الجامعة العربية التام مع الحملة

الدولية لفك الحصار عن غزة. كما أدانت المنظمة الإسلامية للتربية والعلوم والثقافة (إيسيسكو) الهجوم الإسرائيلي على سفينة "الكرامة"[319].

أما عن الموقف الحكومي في "إسرائيل"، فقد أعلن رئيس الوزراء بنيامين نتنياهو أن حكومته ستواصل حصارها البحري على قطاع غزة. وقال: "إن الحكومة أحبطت القافلة البحرية من خلال نشاط سياسي ممنهج.. وستواصل إسرائيل سياسة السماح بنقل السلع والأغذية إلى غزة ولكن في نفس الوقت ستواصل فرض الطوق البحري على القطاع بغية منع تهريب الأسلحة والصواريخ التي تُطلَق شبه يومياً من قبل نظام حماس على المواطنين الإسرائيليين"[320].

واعتبر وزير الدفاع الإسرائيلي، إيهود باراك، السيطرة على القارب بمثابة "انتصار للحكمة والحزم اللذين يتمتع بهما الجيش الإسرائيلي، وبرهان على أن الجيش استخلص العبر الصحيحة من تجربة السيطرة على سفينة (مافي مرمرة) وبقية سفن أسطول الحرية 1"[321].

الخاتمة

يخضع قطاع غزة لحصار خانق، يشتمل على منع معظم السلع أو تقنينها، ومنع الصيد في عمق البحر، في محاولة لإضعاف حكومة حماس في قطاع غزة وإسقاطها. وقد عانى أهالي قطاع غزة نتيجة للحصار أزمات اقتصادية وإنسانية واجتماعية وصحية. غير أن سياسة العقاب الجماعي التي مارستها "إسرائيل" بمشاركة إقليمية ودولية فشلت. وأسهمت القوافل الإنسانية التي وصلت إلى القطاع المحاصر بالتخفيف، ولو بشكل محدود، عن أهالي قطاع غزة.

كانت بدايات كسر الحصار شعبية على صعيد الأفراد والمنظمات لا الحكومات، وقد اجتمعت منظمات حقوقية وإنسانية عالمية تحت مظلة حقوق الإنسان لرفع الحصار، حيث شارك في هذه الجهود أعضاء مجالس نيابية وبلدية ومؤسسات حقوقية وإنسانية إقليمية ودولية، تكاتفت مع بعضها البعض لتشكل القوافل البرية والسفن والأساطيل البحرية لاختراق أركان الحصار الظالم. ومع الاعتداء الإسرائيلي على "أسطول الحرية 1"، وسقوط تسعة شهداء، زاد الإصرار على مزيد من القوافل لكسر الحصار.

استقبل القطاع المحاصر وفوداً متضامنة معه من كافة الجنسيات والديانات، كثير منهم هم رعايا دول تشارك في الحصار الظالم، وأعطت هذه القوافل الأمل للغزيين، وعززت صمودهم في وجه الحصار، وأثبتت أن في العالم شرفاء يرفضون الحصار والظلم والعدوان والاحتلال...

لا يستطيع أحد أن يعزل القضية الفلسطينية عما يجري في الدول العربية، وهذا ما تعرفه "إسرائيل" جيداً، ومن هنا أصابها الإرباك مع سقوط نظام حسني مبارك في ثورة 25 يناير المصرية، حيث كانت سياساته تنسجم مع السياسة الإسرائيلية في حصار قطاع غزة.

لذلك شكلت الثورات العربية نقطة تحول أساسي في الواقع السياسي العربي، وشكلت رافعة سياسية لمجريات القضية الفلسطينية، وكان من نتيجتها اجتياح الجماهير الفلسطينية في قطاع غزة والضفة الغربية والقدس ومارون الراس اللبنانية والجولان السورية الأسلاك الشائكة في الذكرى السنوية الثالثة والستين لنكبة فلسطين في 2011/5/15 ، لينزف شلال الدم مطالباً برحيل الكيان الإسرائيلي، وهي بذلك شكلت مؤشراً سياسياً نحو التحول إلى حقيقة رفض الواقع السياسي الذي يعدّ حصار قطاع غزة جزءاً منه.

وجاء كسر حصار غزة على يد مجموعة من الناشطين ليبرهن للعالم أن الظلم لن يطول، وأن الحصار سينكسر. لقد فعل هؤلاء النشطاء ما عجزت عنه الحكومات، ووصلوا بقوافلهم إلى قطاع غزة، بالرغم من الوعيد الإسرائيلي بعدم السماح للسفن بالعبور، ومحاولات إطلاق النار عليها وتهديدها، والعقبات التي وضعها نظام حسني مبارك أمام القوافل البرية، إلا أن كل ذلك لم يثنهم عن المضي قدماً للوصول إلى غزة.

تبدو إمكانية استمرار القوافل البرية إلى قطاع غزة أكبر مع سقوط نظام الرئيس المصري السابق حسني مبارك، فلم يعد هناك من يمنعها كما منع سابقاتها على معبر رفح؛ أما القوافل البحرية، فما زالت "إسرائيل" تفرض طوقاً بحرياً عليها، ولا تسمح بدخول السفن، والتي كان آخرها منع سفينة "الكرامة" الفرنسية في تموز/ يوليو 2011.

الهوامش

[1] غازي الصوراني، الآثار الاقتصادية للحصار على قطاع غزة، موقع اللجنة الشعبية لمواجهة الحصار، 2010/2/9، انظر: http://www.freegaza.ps/ar/index.php

[2] جريدة **الشرق الأوسط**، لندن، 2007/11/23.

[3] Rory McCarthy, Sick are in the Frontline as Supplies and Hope Drain Away for Isolated Gazans, *The Guardian* newspaper, 27/11/2007, http://www.guardian.co.uk/

[4] حالة المعابر في قطاع غزة (2010/8/16–2010/8/31)، المركز الفلسطيني لحقوق الإنسان، 2010/9/2، انظر: http://www.pchrgaza.org/portal/ar/

[5] موقع اللجنة الشعبية لمواجهة الحصار، 2010/3/24.

[6] مكتب الأمم المتحدة لتنسيق الشؤون الإنسانية في الأرض الفلسطينية المحتلة (أوتشا)، 2008/12/17، انظر: http://www.ochaopt.org/

[7] موقع الجزيرة.نت، الدوحة، 2008/2/2، انظر: http://www.aljazeera.net/Portal/

[8] قطاع غزة، معبر رفح، مركز المعلومات الإسرائيلي لحقوق الإنسان في الأراضي المحتلة (بتسيلم)، انظر: http://www.btselem.org/Arabic

[9] الصوراني، مرجع سابق.

[10] قطاع غزة، معبر رفح، بتسيلم.

[11] "اتفاقية المعابر: عام آخر من المعاناة، تقرير حول آثار القيود على حرية التنقل والحركة في قطاع غزة خلال عام من تطبيق اتفاقية المعابر (2005/11/25–2006/11/24)،" المركز الفلسطيني لحقوق الإنسان، غزة، 2006/12/20.

[12] الصوراني، مرجع سابق.

[13] قطاع غزة، الحصار المفروض على قطاع غزة وتشديد العقوبات الاقتصادية، بتسيلم.

[14] جريدة **الدستور**، عمّان، 2008/1/19.

[15] جريدة **القدس العربي**، لندن، 2008/1/21.

[16] *The Jerusalem Post* newspaper, 27/5/2008, http://www.jpost.com/

[17] جريدة **الحياة**، لندن، 2008/12/19.

[18] تقارير المركز الفلسطيني لحقوق الإنسان خلال الفترة الممتدة من 2008/6/25 وحتى 2008/12/24.

[19] الجهاز المركزي للإحصاء الفلسطيني، الشهداء والجرحى في قطاع غزة، 2009/1/28، انظر: http://www.pcbs.gov.ps/

[20] الجهاز المركزي للإحصاء الفلسطيني، 2009/1/19.

[21] قطاع غزة، الحصار المفروض على قطاع غزة وتشديد العقوبات الاقتصادية، بتسيلم.

[22] حالة المعابر في قطاع غزة خلال الفترة (2010/10/16–2011/2/20)، المركز الفلسطيني لحقوق الإنسان، 2011/2/28.

[23] "اتفاقية المعابر: عام آخر من المعاناة، تقرير حول آثار القيود على حرية التنقل والحركة في قطاع غزة خلال عام من تطبيق اتفاقية المعابر (2005/11/25–2006/11/24)،" المركز الفلسطيني لحقوق الإنسان، 2006/12/20.

24 للاطلاع أكثر على المحددات المصرية، انظر: محسن صالح (محرر)، **صراع الإرادات: السلوك الأمني لفتح وحماس والأطراف المعنية 2006-2007**، ملف الأمن في السلطة الفلسطينية (2) (بيروت: مركز الزيتونة للدراسات والاستشارات، 2008)، ص 256؛ وجواد الحمد وبيان العمري (محرران)، "تقدير الموقف المصري تجاه حصار قطاع غزة وفتح معبر رفح،" مركز دراسات الشرق الأوسط، الأردن، 2008/5/26، انظر: http://www.mesc.com.jo/

25 موقع اليوم السابع، القاهرة، 2011/5/25، انظر: http://www.youm7.com/

26 جريدة **الأخبار**، بيروت، 2007/9/20.

27 موقع عرب 48، 2007/9/23، انظر: http://www.arabs48.com/

28 جريدة **الخليج**، الشارقة، 2007/9/20.

29 وكالة الأنباء والمعلومات الفلسطينية (وفا)، 2010/11/3، انظر:

http://www1.wafa.ps/arabic/index.php

30 وكالة وفا، 2011/5/9.

31 للاطلاع أكثر على مواقف الفصائل الفلسطينية من حصار قطاع غزة، انظر: جريدة **الحياة الجديدة**، رام الله، 2008/6/28؛ والخليج، 2007/9/20؛ والحياة، 2008/11/24؛ وجريدة البيان، دبي، 2008/6/1؛ ووكالة معاً الإخبارية، 2007/9/20، انظر: http://www.maannews.net/arb/؛ وعرب 48، 2007/9/19؛ ومركز باحث للدراسات، 2008/8/30، انظر: http://www.bahethcenter.net/؛ ووكالة قدس برس، 2011/3/31، انظر: http://www.qudspress.com؛ وموقع قناة روسيا اليوم، 2008/12/23، انظر: http://arabic.rt.com/؛ وموقع قناة العالم الإخبارية، 2011/2/26، انظر: http://alalam.ir/

32 موقع إسلام أون لاين، 2008/1/28، انظر: http://www.islamonline.net/

33 جريدة **المستقبل**، بيروت، 2009/1/19.

34 وكالة وفا، 2011/1/18.

35 **الخليج**، 2011/6/1.

36 **الشرق الأوسط**، 2010/1/5.

37 جريدة **عكاظ**، جدة، 2010/12/1.

38 **الخليج**، 2010/3/23.

39 الجزيرة.نت، 2009/1/5.

40 علي صالح أبو سكر، تنامي الموقف العربي والإسلامي والدولي ضد الحصار على غزة، في ندوة تركيا والكيان الصهيوني وحصار غزة، مركز دراسات الشرق الأوسط، 2010/6/21.

41 عوني فارس، تركيا والقضية الفلسطينية... تطلعات شعوب ومحددات ساسة، موقع مركز الزيتونة للدراسات والاستشارات، بيروت، 2009/12/2، انظر: http://www.alzaytouna.net/arabic/

42 الجزيرة.نت، 2010/2/15.

43 جريدة **السفير**، بيروت، 2008/1/23.

44 جريدة **القدس**، القدس، 2010/5/11.

45 **الخليج**، 2009/12/29.

46 جريدة **السبيل**، عمّان، 2010/1/20.

[47] **الخليج**، 2006/4/5.
[48] **الحياة**، 2009/1/17.
[49] عرب 48، 2008/5/26.
[50] **الحياة**، 2008/1/23.
[51] **الخليج**، 2008/1/24.
[52] الجزيرة.نت، 2008/1/24.
[53] **الحياة**، 2010/6/18.
[54] وكالة رويترز للأنباء، 2008/4/30، انظر: /http://ara.reuters.com
[55] **البيان**، 2006/9/29.
[56] المركز الفلسطيني لحقوق الإنسان، 2006/6/22.
[57] **الحياة**، 2007/9/21.
[58] جريدة **الجريدة**، الكويت، 2008/4/19.
[59] **الشرق الأوسط**، 2010/6/18.
[60] **القدس العربي**، 2009/2/16.
[61] British Broadcasting Corporation (BBC), 14/2/2009, http://news.bbc.co.uk/; and Sky News website, 14/2/2009, http://news.sky.com/skynews/Home/
[62] جريدة **المصريون**، القاهرة، 2009/3/8.
[63] جريدة **فلسطين**، غزة، 2009/3/10.
[64] جريدة **الشرق**، الدوحة، 2009/3/11.
[65] **فلسطين**، 2009/3/12.
[66] **فلسطين**، 2009/3/10؛ وجريدة **الأيام**، رام الله، 2009/3/11.
[67] شبكة الإعلام العربية (محيط)، 2009/2/25، انظر: /http://www.moheet.com
[68] **فلسطين**، 2009/7/5.
[69] **الحياة**، 2009/7/16.
[70] جريدة **العرب**، الدوحة، 2009/7/16.
[71] **الخليج**، 2009/7/13.
[72] الجزيرة.نت، 2009/7/15.
[73] **فلسطين**، 2009/7/17.
[74] **العرب**، 2009/7/9.
[75] جريدة **الرأي**، عمّان، 2009/7/12.
[76] قدس برس، 2009/12/6، انظر: http://www.qudspress.com
[77] **فلسطين**، 2009/12/21.
[78] **فلسطين**، 2009/12/23.
[79] **الخليج**، 2009/12/23.
[80] **فلسطين**، 2009/12/24.
[81] **الدستور**، 2009/12/23.
[82] **العرب**، 2009/12/25.
[83] **الحياة**، 2009/12/26.

84 جريدة الاتحاد، أبو ظبي، 2009/12/27.

85 الشرق، 2009/12/28.

86 جريدة الغد، عمّان، 2009/12/26.

87 السبيل، 2009/12/26.

88 المرجع نفسه.

89 الحياة، 2009/12/27.

90 الغد، 2009/12/27.

91 الاتحاد، 2009/12/29.

92 الخليج، 2010/1/3.

93 موقع روسيا اليوم، 2010/1/6.

94 السبيل، 2010/1/6.

95 فلسطين، 2010/1/7.

96 فلسطين، 2010/1/8.

97 المرجع نفسه.

98 المرجع نفسه.

99 الحياة، 2010/1/8.

100 الخليج، 2010/1/9.

101 الخليج، 2010/7/6.

102 الرأي، 2010/7/13.

103 الجزيرة.نت، 2010/7/14.

104 جريدة العرب اليوم، عمّان، 2010/7/20.

105 الجزيرة.نت، 2011/7/15.

106 الغد، 2011/3/7.

107 موقع قافلة أميال من الابتسامات، 2009/9/14، انظر: http://www.gazachildren.net/index.php

108 موقع قافلة أميال من الابتسامات، 2009/9/19.

109 موقع قافلة أميال من الابتسامات، 2009/11/3.

110 موقع قافلة أميال من الابتسامات، 2009/11/12.

111 موقع قافلة أميال من الابتسامات، 2009/11/14.

112 موقع المصري اليوم، 2010/8/2، انظر: http://www.almasryalyoum.com/

113 شبكة محيط، 2010/7/31.

114 موقع قافلة أميال من الابتسامات، 2010/7/14.

115 الحياة الجديدة، 2010/9/20.

116 الأيام، 2011/5/19.

117 الخليج، 2010/9/28.

118 عكاظ، 2010/10/4.

119 الغد، 2010/10/6.

120 **الدستور**، 2010/10/10.

121 الجزيرة.نت، 2010/10/13.

122 الجزيرة.نت، 2010/10/22.

123 **العرب**، 2010/10/23.

124 جريدة **الأهرام**، القاهرة، 2010/9/21.

125 المركز الفلسطيني للإعلام، 2010/10/26، انظر: http://www.palestine-info.info/ar/

126 **القدس العربي**، 2010/10/24.

127 موقع ليبيا برس، 2010/10/22، انظر: http://www.libyapress.net/Default.aspx

128 **القدس العربي**، 2010/10/26 و 2010/11/26؛ Press TV website,, http://www.presstv.ir/

129 وكالة سما الإخبارية، 2010/11/27، انظر: http://www.samanews.com/

130 المرجع نفسه.

131 **الخليج**، 2011/1/14.

132 الجزيرة.نت، 2010/12/30.

133 موقع وطني نيوز، 2010/12/31، انظر: http://www.watanynews.com/

134 جريدة **ليبيا اليوم**، انظر: http://www.libyaalyom.com/

135 جريدة **الوطن الليبية**، 2011/1/8، انظر: http://www.alwatan-libya.com/

136 هيئة الإذاعة البريطانية (بي بي سي)، 2011/1/3، انظر: http://www.bbc.co.uk/arabic/؛
والقدس العربي، 2011/1/14.

137 وكالة أنباء مصر، 2010/12/29، انظر:

http://www.misrnewsagency.com/main/main.php

138 بي بي سي، 2011/1/3.

139 موقع فلسطين أون لاين، 2011/1/5، انظر: mainhttp://www.felesteen.ps/

140 **الحياة**، 2011/1/4.

141 موقع قافلة أميال من الابتسامات، 2011/5/16.

142 موقع قافلة أميال من الابتسامات، 2011/6/20.

143 **الحياة**، 2008/9/11.

144 **القدس العربي**، 2008/9/11.

145 **العرب**، 2008/9/12.

146 **القدس العربي**، 2008/9/11.

147 الجزيرة.نت، 2008/10/6.

148 جريدة **المصري اليوم**، القاهرة، 2008/10/7.

149 **الخليج**، 2008/10/8.

150 **الرأي**، 2009/3/20.

151 موقع إخوان أون لاين، 2009/4/20، انظر:
http://www.ikhwanonline.com/new/Default1.aspx

152 **فلسطين**، 2009/4/23.

70

[153] إخوان أون لاين، 2009/7/21.

[154] العرب، 2009/8/3.

[155] الأهرام، 2010/2/11.

[156] فلسطين، 2010/2/12.

[157] موقع فلسطين الآن، 2011/3/6، انظر: http://www.paltimes.net/arabic/

[158] العرب، 2008/12/27.

[159] الدستور، 2009/1/12.

[160] الأهرام، 2009/1/23.

[161] الحياة، 2009/1/13.

[162] الحياة، 2009/3/16.

[163] الحياة، 2009/5/7.

[164] البيان، 2009/8/9.

[165] مجلة مستجدات دائرة الشركاء العرب، العدد 3، آذار/ مارس – أيار/ مايو 2010، موقع وكالة الأونروا، انظر: http://www.unrwa.org/

[166] الحياة، 2010/6/5.

[167] الرأي، 2009/8/19.

[168] الحياة، 2009/8/20.

[169] جريدة السياسة، الكويت، 2009/8/20.

[170] الخليج، 2009/9/9.

[171] الخليج، 2009/9/26.

[172] الدستور، 2010/2/12.

[173] الرأي، 2011/2/1؛ والدستور، 2011/4/27.

[174] الدستور، 2010/4/13.

[175] موقع إذاعة صوت الأقصى، 2010/9/18، انظر: http://www.alaqsavoice.ps/arabic/

[176] الخليج، 2010/11/9.

[177] الخليج، 2010/6/13.

[178] الجزيرة.نت، 2010/5/31؛ وانظر:
The Free Gaza Movement, 29/8/2008, http://www.freegaza.org/en

[179] الغد، 2008/8/24.

[180] الخليج، 2008/8/24.

[181] المرجع نفسه.

[182] الخليج، 2008/8/25.

[183] الخليج، 2008/8/24.

[184] المرجع نفسه.

[185] المرجع نفسه.

[186] الأيام، 2008/8/24.

[187] الجزيرة.نت، 2008/11/24.

188 الخليج، 2008/8/31.

189 الخليج، 2008/10/21.

190 الجزيرة.نت، 2010/5/31.

191 الشرق الأوسط، 2008/10/30.

192 قدس برس، 2008/10/30.

193 الغد، 2008/10/30.

194 الخليج، 2008/10/30.

195 الغد، 2008/10/30.

196 وكالة سما، 2008/11/8؛ وانظر:
The Free Gaza Movement, 29/8/2008.

197 عرب 48، 2008/11/7.

198 الشرق، 2008/11/9.

199 الأيام، 2008/11/11.

200 القدس العربي، 2008/11/10.

201 عرب 48، 2008/11/12.

202 القدس العربي، 2008/11/10.

203 عرب 48، 2008/11/12.

204 الحياة، 2008/12/10.

205 الشرق الأوسط، 2008/12/11.

206 وكالة معاً، 2008/12/20.

207 القدس العربي، 2008/12/23.

208 إخوان أون لاين، 2008/12/1.

209 الرأي، 2008/12/1.

210 الجزيرة.نت، 2008/12/4.

211 جريدة النهار، بيروت، 2008/12/5.

212 الحياة، 2008/12/1.

213 الجزيرة.نت، 2008/12/3.

214 الدستور، 2008/12/4.

215 الجزيرة.نت، 2010/5/31.

216 موقع كل العرب، 2008/12/7، انظر: http://www.alarab.net/

217 المرجع نفسه.

218 المرجع نفسه.

219 المرجع نفسه.

220 الجزيرة.نت، 2010/5/31.

221 الاتحاد، 2009/2/6.

222 المرجع نفسه.

223 العرب، 2009/2/6.

[224] بي بي سي، 2009/2/6.

[225] الجزيرة.نت، 2009/2/6.

[226] **الشرق الأوسط**، 2009/2/7.

[227] **الاتحاد**، 2009/2/6.

[228] الجزيرة.نت، 2009/2/6.

[229] **الحياة**، 2009/2/6.

[230] **القدس العربي**، 2009/2/7.

[231] الجزيرة.نت، 2009/2/7.

[232] الجزيرة.نت، 2009/6/29.

[233] الجزيرة.نت، 2010/5/31.

[234] الجزيرة.نت، 2009/6/30.

[235] "Palestine Our Route Humanitarian Aid Our Load," Flotilla Campaign Summary Report, Humanitarian Relief Foundation (IHH), http://www.ihh.org.tr/anasayfa/ar/

[236] الجزيرة.نت، 2011/5/31.

[237] "Palestine Our Route Humanitarian Aid Our Load," Flotilla Campaign Summary Report, IHH.

[238] وكالة وفا، 2011/5/31.

[239] المركز الفلسطيني للإعلام، 2011/5/31.

[240] فلسطين أون لاين، 2011/5/31.

[241] **الحياة الجديدة**، 2010/6/3.

[242] **الحياة الجديدة**، 2010/6/3.

[243] المركز الفلسطيني للإعلام، 2011/5/31.

[244] **القدس**، 2011/5/31.

[245] **الحياة**، 2011/5/31.

[246] **القدس**، 2011/5/31.

[247] قدس برس، 2010/6/2.

[248] موقع منظمة المؤتمر الإسلامي، 2010/6/6، انظر: http://www.oic-oci.org/home.asp

[249] **القدس العربي**، 2010/6/2.

[250] **الأهرام**، 2010/6/1.

[251] **الشرق**، 2010/6/3.

[252] **الخليج**، 2010/5/30.

[253] **الحياة**، 2010/6/9.

[254] **الخليج**، 2010/6/1.

[255] **المرجع نفسه**.

[256] **الخليج**، 2010/6/2.

[257] **الغد**، 2010/6/7.

[258] جريدة الوطن، السعودية، 2010/6/7.

259 القدس العربي، 2010/6/15.

260 *Hürriyet Daily News* newspaper, Turkey, 7/6/2010, http://www.hurriyetdailynews.com/

261 وكالة وفا، 2010/6/14.

262 *Today's Zaman* newspaper, Istanbul, 17/6/2010, http://www.todayszaman.com/ mainAction.action

263 الدستور، 2010/6/28.

264 الحياة، 2010/6/29.

265 السفير، 2010/7/3.

266 السفير، 2010/7/2.

267 الدستور، 2010/7/12.

268 موقع أخبار العالم، 2010/7/5، انظر: http://www.akhbaralaalam.net/index.php

269 بي بي سي، 2010/7/24.

270 الغد، 2010/8/4.

271 الأخبار، 2010/8/10.

272 وكالة سما، 2010/8/10.

273 الحياة، 2010/8/12.

274 البيان، 2010/8/12.

275 الحياة، 2011/7/9.

276 الحياة، 2011/7/10.

277 الحياة الجديدة، 2011/7/11.

278 جريدة القبس، الكويت، 2011/7/14.

279 الجزيرة.نت، 2010/7/14.

280 الشرق الأوسط، 2010/7/15.

281 وكالة سما، 2010/7/16.

282 الخليج، 2010/7/15.

283 فلسطين أون لاين، 2010/7/15.

284 قدس برس، 2010/7/15.

285 الأيام، 2010/7/15.

286 الحياة، 2010/7/21.

287 The Perdana Global Peace Foundation website: http://www.perdana4peace.org/

288 Ibid.

289 فلسطين أون لاين، 2011/7/6.

290 الشرق، 2011/5/21.

291 الشرق، 2011/5/23.

292 الحياة الجديدة، 2011/5/23.

293 الوطن، السعودية، 2011/5/29.

294 العرب، 2011/5/31.

295 الحياة الجديدة، 2011/6/30.

296 بي بي سي، 2011/6/22.

297 الخليج، 2011/6/23.

298 جريدة الجريدة، 2011/6/25.

299 الحياة، 2011/6/29.

300 القدس العربي، 2011/6/17.

301 الحياة، 2011/6/18.

302 فلسطين أون لاين، 2011/6/26.

303 وكالة الصحافة الفلسطينية (صفا)، 2011/6/30، انظر :
http://www.safa.ps/ara/index.php?action=

304 فلسطين أون لاين، 2011/6/30.

305 السفير، 2011/7/2.

306 الخليج، 2011/7/4.

307 الحياة، 2011/7/5.

308 القبس، 2011/7/8.

309 الحياة، 2011/7/12.

310 الشرق الأوسط، 2011/7/13.

311 المركز الفلسطيني للإعلام، 2011/7/12.

312 الخليج، 2011/7/13.

313 القدس العربي، 2011/7/18.

314 القدس العربي، 2011/7/20.

315 المركز الفلسطيني للإعلام، 2011/7/19.

316 القدس العربي، 2011/7/20.

317 وكالة وفا، 2011/7/19.

318 المركز الفلسطيني للإعلام، 2011/7/19.

319 الحياة الجديدة، 2011/7/20.

320 القدس، 2011/7/20.

321 الشرق الأوسط، 2011/7/20.

Printed in the United States
By Bookmasters